Y+ 5069

LES ŒVVRES DV SIEVR DE SAINT-AMANT·

Augmentées de nouueau.

Du Soleil Leuant.
Le Melon.
Le Poëtte Crotté.
La Creuaille.
Orgie.

Le Tombeau de Marmousette.
Le Paresseux.
Les Goinfres.

A ROVEN,
Chez IEAN BOVLLEY, au haut des degrez du Palais.

M. DC. XLII.

A
MONSEIGNEVR
LE DVC DE RETS,
PAIR DE FRANCE, &c.

MONSEIGNEVR,

Ie me suis souuent estonné comme parmy tant de grands esprits qui ont pris plaisir à tirer de l'ancienne Poësie, des preceptes pour enrichir la Philosophie Morale, pas vn n'ait remarqué ce qui se peut dire de l'auenture de Deucalion & de Pyrrhe, lesquels se sauuerent de l'inondation generalle de toute la Terre sur le Mont-Parnasse, qui seul fut respecté du Deluge. Cela ne fait-il pas voir

EPISTRE.

clairement, MONSEIGNEVR, que ceux qui ayment les Lettres ne perissent iamais? Et ne semble-il pas que ces Philosophes, comme enuieux de la gloire des Poëtes, ayent eu quelque dessein de leur desrober l'auantage qu'ils ont de pouuoir donner l'Immortalité? En effect, qui ne iugera par cét exemple, que si ces deux illustres Reliques du Genre humain n'eussent esté en la protection des Muses, elles n'eussent daigné les receuoir en leur Saincte demeure, pour les guarantir d'vn si pitoyable desastre, & conseruer en eux la race des hommes qui s'en alloit faire naufrage auec tout le reste de l'Vniuers? Ce n'est pas, MONSEIGNEVR; que ie presume rien de mon esprit, ny que ie pense que vostre nom ait besoin de moy pour se mettre à couuert des outrages que le Temps faict aux plus belles choses : Vos vertus sont trop esclatantes pour emprunter d'ailleurs quelque lumiere; Il n'est point d'honneste Homme qui ne les estime, & moy qui me figure les auoir connuës plus particulierement qu'aucun autre, en

EPISTRE.

L'honneur que vous m'auez fait de me permettre voſtre familiere conuerſation, i'auoüe que ie me ſens incapable de les loüer aſſez dignement. Auſſi bien loin de croire que mes Ouurages puiſſent rendre voſtre renommée plus celebre qu'elle n'eſt, ie m'attens pluſtoſt à receuoir de vous ce que ie pourrois donner à vn autre. Neantmoins, MONSEIGNEVR, la vanité dont mes Amis me flattent, que mes Vers ne mourront pas auecques moy, & qui ſe fortifie principalement par la bonne opinion que vous m'en auez fait conceuoir, me perſuade, que i'auray peut-eſtre la gloire de viure auecques vous long-temps apres que ie ne ſeray plus au monde, ſi vous auez agreable que le commencement de ce Liure ſoit honoré de voſtre nom, qui luy doit ſeruir de Protecteur. Ie m'en vay en vn voyage où i'auray loiſir de mediter des choſes que i'eſpere qui me rendront plus digne que ie ne ſuis à preſent de l'amitié dont il vous plaiſt m'obliger: Et bien que ce ſoit vers ces Pays où l'on va chercher les threſors: i'oſe me promettre que nos

EPISTRE.

Vaisseaux n'en reportoient rien de plus precieux, ce que mes imaginations y auront produit, pourueu que vous m'en donniez le courage. Mais parmy toutes les agreables resueries qui entretiendront mon esprit dans l'oisiueté de la Mer; ie vous proteste que ie n'auray rien de si cher, ny de si doux que le continuel souuenir de vos rares qualitez & du nombre infiny des faueurs dont vous m'auez comblé, qui m'obligent à estre,

MONSEIGNEVR,
 Voftre tres-humble, tres-obeyffant,
 & tres-fidelle feruiteur,

SAINT-AMANT.

PREFACE
SVR
LES OEVVRES DE
Mr. DE SAINT-AMANT.

Par son fidelle Amy FARET.

I L y a des choses qui sont d'vne condition si releuée, & d'vne essence si pure, qu'elles ne peuuent rien souffrir de bas ny de commun : & celles particulierement qui n'ōt point d'autre obiet que de plaire, sont ordinairemēt d'vne nature si noble, que c'est les violer, que de ne leur donner pas toute la grace dont elles sont capables: La mediocrité les destruit : & lors qu'elles ne sont pas excellentes, on peut dire qu'elles sont tres-imparfaites. Si la Peinture ne trompe les yeux elle les offence : si la Musique ne charme les oreilles elle les blesse : & si la Poësie ne nous rauit, & n'esleue l'ame au dessus de sa matiere, elle est d'autant plus ridicule, qu'elle est digne d'admiration, lors qu'elle est montée à ce poinct qui la fait nommer le

ã 4

PREFACE.

langage des Dieux. Aussi n'a elle rien que de sublime, ses ornemens sont tous riches, & bien que ces graces soient dans la naïfueté, & que ses beautez soient toutes naturelles, si est ce qu'elle veut estre tousiours accompagnée d'esclat & de pompe. Elle a ie ne sçay quels rayons de diuinité qui doiuët reluire par tout, & lors que ce feu manque de l'animer, elle n'a plus de force qui la puisse rehausser au dessus des choses les plus vulgaires. Cette chaleur que les Anciens ont appellee Genie, ne se communique qu'à fort peu d'esprits, & ne se fait principalement remarquer qu'aux Descriptions: qui sont comme de riches Tableaux où la Nature representée, d'où vient que l'on a nommé la Poësie vne Peinture parlante. Et de fait comme elle plus noble effort de l'Imagination, on peut dire aussi que son plus noble chef-d'œuure est celuy de bien descrire. C'est cette partie qui ne se peut acquerir; non plus que ces graces secrettes qui nous rauissent, sans que nous sçachions en aucune façon la cause de nostre rauissement, & c'est par là que ces grands hômes qui ont merité les tiltres de diuins & de sacrez, sont montez à cette gloire immortelle qui refleurit en tous les siecles. Il ne faut voir que les Vers de Monsieur de Saint-Amant, pour connoistre qu'il a pris

PREFACE.

dans le Ciel plus subtilement que Promethée ce feu diuin qui brille dans ces Ouurages. Neantmoins cette ardeur d'esprit, & cette impetuosité de genie qui surprennent nos entendemens, & qui entrainent tout le monde apres elles, ne sont iamais si desreiglees qu'il n'en soit tousiours le maistre. Son Iugement & son Imagination font vn si iuste temperamment, & sont d'vne si parfaite intelligence, que l'vn n'entreprend rien sans le secours de l'autre: aussi sont-ce deux parties dont l'vnion est tellement necessaire, que quand l'vne des deux vient à manquer, ce n'est plus ou que sterillité ou que confusion. En effect l'on voit ordinairement que ces esprits violents, de qui les secondes pensees n'ont iamais corrigé les premieres ressemblent à ces torrens qui se precipitent pour ne faire que du mal: Mais ceux qui produisent beaucoup, font regner l'ordre au milieu des belles matieres, sont comme ces grands fleuues qui portent la fertillité dans les campagnes & l'abondance dans les villes, nostre ami se peut vanter d'estre de ceux là, & d'auoir toutes les grandes qualitez requises à vn vray Poëte. Ses Inuentions sont hardies & agreables: Ses pensées son hautes & claires: Son Elocution est nette & vigoureuse, Et iusques au son & à la cadāce

PREFACE.

de ses vers il se trouue vne harmonie qui peut passer pour sœur legitime de celle de son Lut. Lors qu'il descrit il imprime dans l'ame des images plus parfaites que ne font les obiects mesmes : il fait tousiours remarquer quelque nouueauté dans les choses qu'on a veuës mille fois, & ce qui est particulierement à considerer en luy, c'est qu'il n'acheue iamais ces beaux Portraits sans y donner vn trait de maistre, & sans y laisser vn éguillon à la fin qui chatoüille l'esprit long-temps apres qu'il en a esté picqué. Lors qu'il veut estre serieux, il semble qu'il n'ait iamais hanté que des Philosophes, & quand il veut relascher son stile dans la liberté d'vne honneste raillerie, il n'est point d'humeur si stupide qu'il ne resueille, ni si seuere qu'il ne dissipe le chagrin, & à qui il n'inspire de subtils sentimens de ioye. Son esprit paroit sous toutes les formes, & c'est vne chose admirable, & qui ne s'est peut-estre iamais veuë, qu'vne mesme personne ait peu en vn eminent degré reüssir esgalement en deux façons d'escrire qui sont d'vne nature si diferente, & semblent estre opposées. Et certes, qui peut voir cette belle Solitude à qui toute la France a donné sa voix, sans estre tenté d'aller resuer dans les secrets, & si tous ceux qui

PREFACE.

l'ont admirée s'eftoient laiffer aller aux premiers mouuemens qu'ils ont eus en la lifant, la Solitude, mefme n'auroit elle pas efté deftruite par fa propre loüange, & ne feroit-elle pas auiourd'huy plus frequentee que les Villes? Ce diuin Contemplateur qui ne peut eftre affez dignement loüé que par celuy mefme qu'il loüe, ie veux dire par ce grand & fainct Prelat à qui il eft dedié, n'eft ce pas vne fublime leçon de la plus parfaite fageffe, & de la plus haute Philofophie Chreftienne & Morale? Quel courage affez hardy pourroit ouyr reciter ces Vifions melancholiques dont le tiltre feul a ie ne fçay quoy d'effroyable, fans fremir d'horreur? Et qu'elle ame affez auftere pourroit lire le Palais de la Volupté, fans eftre touché de quelque defir d'en gouster les delices? L'Andromede & l'Arion font-ce pas d'affez hardis effais de ce fort Genie, pour faire efperer à noftre langue vn Poëme heroyque? Enfin tant d'autres beaux Poëmes ou pour l'Amour, ou pour la Ioye, & qui font par tous embellis de vrais ornemens de l'art & des richeffes de la Nature, doiuent ils pas faire confeffer à tout le monde que Monfieur de faint-Amant merite autant qu'aucun autre qui ait iamais efté le tiltre de vray Poëte.

PREFACE.

L'eſtroite amitié qui s'eſt inuiolablement conſeruée entre nous depuis pluſieurs années ne ſçauroit, deuant de bons Iuges, rendre ce Diſcours ſuſpect d'aucune flatterie. Ie voudrois bien que ce fuſt icy vn lieu à propos de parler auſſi bien de la bonté de ſes mœurs, comme de la bõté de ſes Oeuures, mon inclination s'eſtendroit bien volontiers ſur ce ſuiect. Et combien qu'il m'ait fait paſſer pour vieux & grand Beuueur dans ces Vers, auec la meſme iniuſtice qu'on a eſcrit dans tous les Cabarets le nom de Chaudiere, qu'on dit qui ne beut iamais que de l'eau, ſi eſt-ce pour me venger agreablement de ces iniures, ie prendrois plaiſir à publier qu'il a toutes les vertus qui accompagnent la generoſité, mais il m'arrache luy meſme la plume de la main, & ſa modeſtie me deffend d'en dire d'auantage.

ADVERTISSEMENT AV LECTEVR.

E iuste despit que i'ay de voir quantité de petits Poëttes se parer impudemment des larcins qu'ils ont faits dans les ouurages qu'on a desia veus de moy, & la crainte que i'ay euë en quelque mauuais Libraire de Prouince n'eust l'effronterie de les faire imrimer sans mon consentement, comme i'en estois menassé, i'ont fait à la fin resoudre à les preuenir, plutost qu'aucun desir d'acquerir par là de la gloire: Encore que si i'en puis pretendre par mes Vers, ie ne suis pas si seuere à ma reputation que ie ne la vueille faire viure qu'apres ma mort. C'est vne Philosophie vn peu trop scrupuleuse, & que pas vn de tous ceux qui nous la preschent ne voudroit obseruer, s'il auoit fait quelque chose qui meritast de voir le iour. La loüange qu'on nous donne quand nous ne sommes plus au mode nous est fort inutile, puis que nous ne nous en soucions plus, au contraire quand nous y sommes, le blasme nous peut seruir à l'amendement: de sorte que si l'on fait bien, il est tres raisonnable qu'on en reçoiue le salaire durant la vie: & si l'on fait mal, on est encor en estat de s'en corriger. Quelques-vns poussez d'vne humeur si ialouse du contentement d'autruy qu'ils voudroient que le soleil n'esclairast que pour eux, ont tasché de me dissuader de ce dessein, m'alleguāt que les choses pour excellentes qu'elles puissent estre deuienent presque meprisables depuis qu'on les rend communes: mais quand ils me monstreront qu'on estime moins Ouide ou Horace (sans

ADVERTISSEMENT.

me comparer à eux) depuis qu'ils ont esté imprimez, qu'on ne faisoit lors qu'ils n'estoient escrits qu'à la main, Ie seray de leur aduis. Apres auoir assemblé toutes les pieces que i'auois composees, i'y ay trouué desagreable: & particulierement i'ay pris quelque plaisir à de certains petits essais de Poëmes heroyques, dont parmy les Modernes le Caualier Marin nous a donné les premiers exemples, dans son Liure intitulé, La Sampogna. Ce sont des descriptions de quelques auantures celebres dans la Fable ancienne, qui s'appellent en Grec Idilios, à ce que i'ay ouy dire : Car, Dieu mercy, ny mon Grec ny mon Latin ne me feront iamais passer pour Pedant : Que si vous en voyez deux ou trois mots en quelques endroits de ce Liure, ie vous puis bien asseurer que ce n'est pas de celuy de l'Vniuersité. Mais vne personne n'en est pas moins estimable pour cela, & tous ceux qui sçauront qu'Homere, sans entendre d'autre langue que celle que sa Nourrice luy auoit enseignée, n'a pas laissé d'emporter le prix sur tous les Poëtes qui sont venus apres luy, ne iugeront pas qu'vn bon esprit ne puisse rien faire d'admirable sans l'ayde des langues estrangeres. Il est vray que la conuersation familiere des honnestes gens, & la diuersité des choses merueilleuses que i'ay veuës dans mes voyages, tant en l'Europe qu'en l'Affrique & en l'Amerique, iointes à la puissante inclination que i'ay euë dés ma ieunesse à la Poësie m'ont bien valu vn estude. Au reste vne langue n'est pas vne science. Les parties dont l'Ame est composee se trouuent aussi bien aux François qu'aux Romains: L'Imagination, l'Entendement & la Memoire n'ont poins de Nation affectée, & pour peu qu'on les vueille cultiuer auec quelque soin, elles portent du fruict indifferemment en toutes sortes de climats. I'aduouë qu'il faut qu'vn Aduocat sçache le Latin pour alleguer les Loix de Iustinian, qu'vn Grammerien soit consommé dans les Langues, pour enseigner l'ethymologie des mots, & qu'vn Docteur de

ADVERTISSEMENT.

Sorbonne ait appris le Grec & l'Hebreu, pour puiser dãs leurs propres sources les Textes formels de l'Escriture Saincte: mais pour ce qui est d'vn Poëte, d'vn Philosophe moral, ou d'vn Historien, ie ne croy pas qu'il soit absolument necessaire. Ie dy cecy pour de certaines gens à la vieille mode, qui lors que la verité les contraint d'approuuer ce que ie fay, n'ont rien à dire sinon, C'est dommage qu'il n'ait point estudié: Ie le dy encore pour ceux qui au lieu d'essayer à faire quelque chose d'eux-mesmes, s'amusent non seulement à imiter, mais à prendre laschement tout ce qu'on void dans les autres Autheurs: Encore leur pardonneroy-ie en quelque façon, s'ils le faisoient auecques dexterité: mais ils le font si grossierement, & le sçauent si mal déguiser, que, comme l'on dit, on leur reconnoit aussi-tost le manteau sur les espaules. Ces Messieurs là eussent esté bien souuent punis en la Republique de Lacedemone: car on les eust bien souuent pris sur le fait. Pour moy, si i'estois suiect à ce vice, ie ne m'arresterois point à desrober des pensees, ie voudrois faire quelque bon larcin qui me peust enrichir pour toute ma vie: mais ie l'abhorre tellement, que mesme si ie ly par fois les œuures d'vn autre, ce n'est que pour m'empescher de me rencontrer auec luy en ses conceptions, & y suis si religieux que quand i'en pourrois faire couler quelques-vnes parmy les miennes, sans qu'on s'en peust apperceuoir, il m'est aduis que ma conscience me le reprochant secrettement me feroit rougir lors que ie viendrois à les reciter, ou que les loüanges qu'on m'en donneroit me feroit autant d'accusations de mon crime. Outre tout cela ie ne sçay quel bonheur on espere receuoir de ces seruiles imitations: Car comme entre les Peintres, le moindre Original d'vn Freminet est beaucoup plus prisé que n'est la meilleure coppie d'vn Michel Ange: tout de mesme entre les bons esprits, l'inuention estant accompagnée de toutes les choses requises à la vraye Poësie, est tousiours preferée à toutes les

ADVERTISSEMENT.

autres parties d'vn ouurage. Il me semble desia que ie vous oy dire que ie ne laisse pas pourtāt d'imiter, & qu'Ouide a traité deuant moy des Fables que i'ay escrites apres luy : Ie le confesse, mais ie n'ay pris de luy que le subiect tout simple, lequel i'ay manié & conduit selon ma fantaisie: que s'il s'y rencontre en quelque endroit des choses qu'il ait dites, c'est que ie lès y ay trouuees si conuenables & si necessaires, que la matiere me les eust fournies d'elle mesme, quand il ne m'en auroit pas ouuert le chemin, & que ie ne les en pouuois oster sans faire vne faute.

I'ay commencé vn grand Poëme heroique à l'honneur de nostre Grand Roy, que Dieu semble auoir suscité, pour abysmer en la gloire de ses hautes entreprises, celle de tous les Monarques du monde. Ce sera là que ie tascheray de comparer les Exploits de ce Prince incomparable aux TRAVAVX DE SANSON, & où i'employeray autant de force d'esprit, qu'il eut de vigueur en ses bras, pourueu que le bon accueil que i'espere que vous ferez à ce Liure, m'oblige d'acheuer ce hardy proiet, & que vous confeßiez que pour vn homme de ma profeßion, & de la vie que ie mene, ce n'est pas tant mal s'escrimer de la plume.

ELEGIE
A
MONSEIGNEVR
LE DVC
DE RETS.

SVR CE QV'ON AVOIT
mal imprimé ma Solitude.

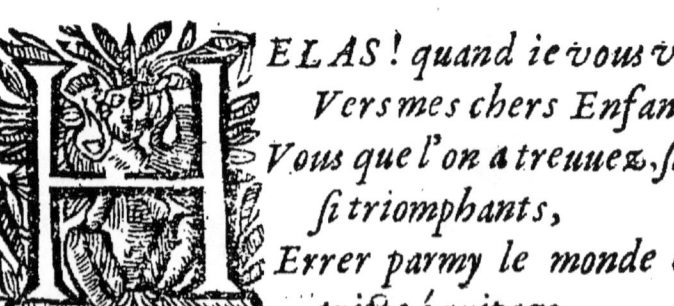ELAS! quand ie vous voy, mes
Vers mes chers Enfants,
Vous que l'on a treuuez, si beaux
si triomphants,
Errer parmy le monde en plus
triste équipage,
Qu'vn Prince mal-aisé qui marcheroit sans Page,
Quand ie voy vos pieds nuds, vos mêbres mutilez;

A

Et vos attraits sans pair flestris & desolez,
Par l'auare desir d'vn infame Libraire,
Qui sous l'espoir du gain pour chanter, me fait braire,
I'auoüe en la douleur de ma tendre amitié,
Que i'ay de vostre estat vne extréme pitié,
Ou plustost qu'en tel poinct i'ay peine à recognoistre,
Vous voyant si changez que ie vous ay fait naistre.
 O grand, ô rare DVC, qui prenant leur parti,
M'auez de leur desastre aussi-tost auerti,
Vistes-vous sans regret l'honneur de mon estude,
Mon noble coup d'essay, ma chere Solitude
Ainsi defiguree en ses traicts les plus beaux,
Trotter comme vne gueuse en de sales lambeaux?
Elle, que l'Vniuers a veuë auec extase,
N'aller iamais qu'en pompe à cheual sur Pegase?
Non, ie croy que son sort toucha vos sentiments,
Que le cœur vous seigna de voir ses ornements
Confondus en maints lieux à la honte des Muses,
Auoir en leurs deffauts besoin de vos excuses:
Et que si vous teniez le maraut d'Imprimeur
Qui resueille en mes sens la bilieuse humeur,
Vous luy feriez dancer à l'ombre d'vne eschelle
Le bransle qu'on prepare aux gens de la Rochelle,
Pour moy, ie luy promets tant de coups de baston,
Si iamais sur son dos ie puis prendre le ton,

ELEGIE.

Qu'il croira que du Ciel, qu'à sa perte i'oblige,
Il pleuura des cottrets, par vn nouueau prodige.

Hà! ie m'apperçois bien que malgré ma Raison,
Qui vouloit que mes vers gardassent la maison,
Sans se prostituer aux yeux du populaire,
Il faudra qu'à la fin ie me force à luy plaire;
Que de mon cabinet ie le fasse partir,
Que i'endure la presse aussi bien qu'vn Martir,
Qu'on barboüille mon nom, qu'on m'imprime sans boire,
Si ce n'estoit du ius de l'encre la plus noire,
Que ie deuienne Liure, & que mon casaquin
Soit de peau de mouton ou bien de marroquin;
Qu'on me crie au Palais comme vn Autheur insigne,
Que d'vn bruit immortel tout le monde croit digne
Et qu'apres d'vn badaut pour moins d'vn quart d'escu,
I'aille courir hazard d'estre le torche cu :
Miserable Destin bien souuent d'vn Virgile,
Voire mesme par fois de la saincte Euangile,
Chose qu'auec horreur en maint infame lieu,
I'ay veuë, ô sacrilege! au grand mespris de Dieu,
Ce qu'on deuroit punir comme le plus noir crime
Dont l'enfer par nos mains côtre le Ciel s'escrime.

Et toutesfois encore estimerois-ie autant,
Dans le souci d'honeur qui me picque en chantant,

ELEGIE

Voir mes Vers au Priué, que les voir en la bouche
D'vn Censeur ignorant, qui pour pierre de touche
N'aura rien que le goust de son cerueau mal sain,
Ou de quelque enuieux, qui cherchant à dessain
Quelque chose à reprendre aux plus parfaits ou-
 urages,
Leur fera, quoy qu'à tort, de sensibles outrages.
Car ie cognois vn peu nos petits Rimailleurs,
Ils s'aheurtent tousiours aux endroits les meil-
 leurs ;
La Raison n'est iamais de leur intelligence ;
La richesse d'autruy chocque leur indigence ;
Leur lousche entendement est vn traistre animal ;
Pour auilir vn Vers, ils le prononcent mal ;
Ils ont l'oreille fausse à la iuste harmonie ;
Leur esprit est creué sous le faix du Genie ;
L'excez de la splendeur leur offusque les sens,
Et bien que criminels ils sont fort innocens :
Aussi leur pardonnay-ie en quoy qu'ils vueillent
 dire,
Faisant desormais vœu de n'en faire que rire.
Il est bien vray, mon DVC, mon souuerain appuy,
Que ie ne pense pas qu'il se treuue auiourd'huy,
Rien qui puisse ternir ma gloire legitime,
Puisque i'ay le bon-heur d'estre dans vostre estime,
Conseruez-y moy donc, soyez mon Protecteur,
Et ie vous feray voir, que sans estre flatteur,

ELEGIE.

Publiant vos vertus, ie sçay rendre le change,
Auec double inthereſt, d'vne iuſte loüange.
Peut-eſtre dira-t'on que ie ſuis bien hardy
D'entreprendre le chant du haut nom de GONDY
Veu qu'Apollon luy-meſme auroit aſſez à faire,
Dans les plus graues airs que ſa Lyre profere,
De paruenir au but d'vn ſi diuin proiet,
Manque de ſuffiſance, & par trop de ſuiet :
Mais i'ayme mieux qu'on voye aux fruits de mon eſtude,
De la temerité, que de l'ingratitude.

LA SOLITVDE

A ALCIDON

Que i'ayme la Solitude!
Que ces lieux sacrez à la Nuit,
Esloignez du Monde & du bruit,
Plaisent à mon inquietude!
Mon Dieu! que mes yeux sont contens
De voir ces Bois qui se trouuerent
A la Natiuité du Temps;
Et que tous les Siecles reuerent,
Estre encor aussi beaux & vers,
Qu'aux premiers iours de l'Vniuers!

Vn gay Zephire les caresse,
D'vn mouuement doux & flatteur;
Rien que leur extréme hauteur
Ne fait remarquer leur vieillesse:
Iadis Paon, & ses demy Dieux,

LA SOLITVDE.

Y vindrent chercher du refuge,
Quand Iupiter ouurit les Cieux
Pour nous enuoyer le Deluge,
Et se sauuans sur leurs rameaux,
A peine virent-ils les Eaux.

Que sur cette espine fleurie,
Dont le Printemps est amoureux,
Philomele au chant langoureux,
Entretient bien ma resuerie!
Que ie prens de plaisir à voir
Ces Monts pendans en precipices,
Qui pour les coups du desespoir
Sont aux mal-heureux si propices,
Quand la cruauté de leur sort
Les force à rechercher la mort.

Que ie trouue doux la rauage
De ces fiers Torrents vagabonds,
Qui se percipitent par bonds,
Dans ce valon vert & sauuage
Puis glissans sous les arbrisseaux
Ainsi que des serpens sur l'herbe,
Se changent en plaisans ruisseaux,
Où quelque Naiade superbe
Regne comme en son lict natal,
Dessus vn throsne de Cristal!

Que j'aime ce Marets paisible !
Il est tout bordé d'aliziers,
D'aulnes, de Saules, & d'oziers,
A qui le fer n'est point nuisible !
Les Nymphes y cherchans le frais,
S'y viennent fournir de quenoüilles,
De pipeaux, de joncs, & de glais,
Où l'on voit sauter les grenoüilles,
Qui de frayeur s'y vont cacher
Si tost qu'on veut s'en approcher.

Là cent mille Oyseaux aquatiques
Viuent, sans craindre en leur repos,
Le Giboyeur fin, & dispos
Auec ses mortelles pratiques ;
L'vn, tout ioyeux d'vn si beau iour,
S'amuse à becqueter sa plume ;
L'autre allantit le feu d'Amour
Qui dans l'eau mesme le consume,
Et prennent tous innocemment
Leur plaisir en cét Element.

Iamais l'Esté, ny la froidure
N'ont veu passer dessus cette eau
Nulle charrette, ny batteau
Depuis que l'vn & l'autre dure ;
Iamais Voyageur alteré

N'y fit seruir sa main de tasse,
Iamais Cheureuil desesperé
N'y finit sa vie à la chasse,
Et iamais le traistre hameçon
N'en fit sortir aucun poisson.

   Que i'aime à voir la decadence
De ces vieux Chasteaux ruinez,
Contre qui les Ans mutinez,
Ont desployé leur insolence!
Les Sorciers y font leur Sabat;
Les Demons follets s'y retirent;
Qui d'vn malicieux esbat
Trompent nos sens, & nous martirent
Là se nichent en mille trous
Les Couleuures, & les Hibous.

   L'Orfraye auec ses cris funebres,
Mortels augures des Destins,
Faire rire, & dancer les Lutins
Dans ces lieux remplis de tenebres,
Sous vn cheuron de bois maudit
Y branle lesquelette horrible
D'vn pauure Amant qui se pendit
Pour vne bergere insensible,
Qui d'vn seul regard de pitié
Ne daigna voir sans amitié.

Aussi le Ciel Iuge équitable,
Qui maintient les Loix en vigueur,
Prononça contre sa rigueur
Vne sentence espouuentable:
Autour de ces vieux ossemens
Son Ombre aux peines condanée,
Lamente en longs gemissemens
Sa mal-heureuse destinée,
Ayant, pour croistre son effroy,
Tousiours son crime deuant soy.

Là, se trouuent sur quelques marbres
Des deuises du temps passé;
Icy, l'âge apresque effacé
Des chiffres taillez sur les arbres,
Le plancher du lieu le plus haut
Est tombé iusques dans la caue,
Que la limace & le crapaut,
Soüillent de venin, & de baue,
La lierre y croist au foyer
A l'ombrage d'vn grand Noyer.

Là dessous s'estend vne voûte
Si sombre en vn certain endroit,
Que quand Phœbus y descendroit
Ie pense qu'il n'y verroit goutte,
Le Sommeil aux pesans sourcis

LA SOLITVDE.

Enchanté d'vn morne silence,
Y dort, bien loin de tous soucis,
Dans les bras de la Nonchalance:
Laschement couché sur le dos
Dessus des gerbes de pauos.

   Aux creux de cette grotte fresche
Où l'Amour se pourroit geler,
Echo ne cesse de brusler,
Pour son Amant froid, & reuesche;
Ie m'y coule sans faire bruit,
Et par la celeste harmonie
D'vn doux Lut, aux charmes instruit,
Ie flatte sa triste manie
Faisant repeter mes accords
A la voix qui luy sert de corps.

   Tantost, sortant de ces ruines,
Ie monte au haut de ce Rocher,
Dont le sommet semble chercher
En quel lieu se font les bruines:
Puis ie descends tout à loisir,
Sous vne falaize escarpée,
D'où ie regarde auec plaisir
L'onde qui l'a presque sappée
Iusques au siege de palemon,
Fait d'esponges & de limon.

LA SOLITVDE.

Que c'est vne chose agreable
D'estre sur le bord de la Mer,
Quand elle vient à se calmer,
Apres quelque orage effroyable!
Et que les cheuelus Tritons,
Hauts sur les vagues secoüees,
Frappent les Airs d'estranges tons
Auec leurs trompes enroüees,
Dont l'esclat rend respectueux
Les vents les plus impetueux.

Tantost, l'onde broüillant l'arene,
Murmure & fremit de courroux,
Se roullant dessus les cailloux
Qu'elle apporte, & qu'elle rentraine :
Tantost elle estalle en ses bords,
Que l'ire de Neptune outrage,
Des gens noyez, des Monstres mors,
Des vaisseaux brisez du naufrage,
Des diamans, de l'ambre gris,
Et mille autres choses de pris.

Tantost, la plus claire du monde,
Elle semble vn miroir flottant,
Et nous represente à l'instant
Encore d'autres Cieux sous l'onde :
Le Soleil s'y fait si bien voir,

LA SOLITVDE

Y contemplant son beau visage,
Qu'on est quelque temps à sçauoir
Si c'est luy-mesme, ou son image,
Et d'abord il semble à nos yeux
Qu'il s'est laissé tomber des Cieux.

BERNIERES, pour qui ie me vante
De ne rien faire que de beau,
Reçoy ce fantasque tableau
Fait d'une peinture viuante:
Ie ne cherche que les deserts,
Ou resuant tout seul ie m'amuse
A des discours assez diserts
De mon Genie auec la Muse;
Mais mon plus aimable entretien
C'est le ressouuenir du tien.

Tu vois dans cette Poësie
Pleine de licence, & d'ardeur,
Ces beaux rayons de la splendeur
Qui m'esclaire la fantaisie:
Tantost chagrin tantost ioyeux,
Selon que la fureur m'enflame:
Et que l'obiet s'offre à mes yeux,
Les propos me naissent en l'ame,
Sans contraindre la liberté
Du Demon qui m'a transporté.

O que i'ayme la Solitude !
C'est l'element des bons esprits,
C'est par elle que i'ay compris
L'Art d'Apollon sans nulle estude :
Ie l'ayme pour l'amour de toy,
Connoissant que ton humeur l'aime
Mais quand ie pense bien à moy,
Ie la hay pour la raison mesme ;
Car elle pourroit me rauir
L'heur de te voir, & te seruir.

LE CONTEMPLATEVR
A
MESSIRE
PHILIPPES COSPEAN
EVESQVE DE NANTES.

VOVS, par qui i'espere estre exempt
De choir en l'eternelle flame,
Apostre du siecle present,
Cause du salut de mon ame,
Diuin Prelat, sainct Orateur,
Iuste & souuerain Destructeur,
Des infernales Heresies,
Grand Esprit, de qui tout prend loy,
Et dont les paroles choisies
Sont autant d'articles de Foy.

LE CONTEMPLATEVR.

Vous qui gardez d'vn soin si dous,
Le cher troupeau de vostre Maistre,
Luy donnant, en despit des lous
Le sacré pain de grace à paistre:
Vray Ministre d'Estat du Ciel,
Cœur debonnaire, Homme sans fiel,
Qui viuez comme font les Anges,
Et meritez qu'en chaque lieu,
On vous fasse part aux loüanges,
Que vous mesmes rendez à Dieu.

Vous, dis-ie, qui daignant cherir
Les Nobles trauaux de la Muse,
Auez voulu vous enquerir
A quoy maintenant ie m'amuse;
Ie vous le veux dire en ces Vers,
Où d'vn art pompeux & diuers
Ie feray briller mes pensees;
Et croy que les plus grands Censeurs
Les verront si bien agencees,
Qu'ils en gousteront les douceurs.

Loin dans vn Isle, qu'à bon droit,
On honora du nom de Belle,
Où s'esleue vn Fort qui tiendroit
Contre l'Anglois & le Rebelle,
Ie contente à plein mon desir

De voir

De voir mon DVC à mon plaisir,
Sans nul obiet qui m'importune;
Et tasche à le garder d'ennuy,
Sans songer à d'autre fortune
Qu'à l'honneur d'estre aupres de luy.

Là, parfois consultant les eaux
Du sommet d'vne roche nuë,
Où pour voir voler les oyseaux,
Il faut que ie baisse la veuë :
Ie m'entretins auec Thetis
Des poissons & grands & petits,
Que de ces vagues elle enserre,
Et ne puis assez admirer,
Voyant les bornes de la terre,
Comme elle les peut endurer.

Mais elle m'en dit la raison,
C'est que le respect qu'elle porte,
A Dieu qui l'a mise en prison,
Ne luy permet pas qu'elle en sorte:
Il suffit qu'elle ait autrefois
Logé ses Monstres dans les bois,
Pour aider à punir nos crimes,
Et quelle ait surpassé les monts,
Pour nous plonger dans les abismes,
Où trébucherent les Demons.

B

Là dessus me representant
Les tristes effects du Deluge,
Quand au premier logis flottant
Le genre humain eut son refuge;
Ie fains vn portraict à mes yeux
Du bon Noé chery des Cieux,
Pleurant pour les pechez du Monde,
Et m'estonne à voir tout perir,
Qu'en fin au lieu d'accroistre l'onde,
Des larmes la firent tarir.

Puis voyant passer deuant moy
Vne Colombe à tire-d'aile,
Aussi-tost ie me ramentoy
L'autre qui luy fut si fidelle:
I'estime que le sainct Esprit
Deslors ceste figure prit,
Pour r'asseurer sa foy craintiue,
Et qu'entre cent arbres espais
Il choisit le rameau d'Oliue,
Pour lui-mesme annoncer la paix.

Tantost faisant agir mes sens
Sur des suiects de moindre estoffe,
De marche en autre ie descens,
Dans les termes du Philosofe:
Nature n'a point de secret,

LE CONTEMPLATEVR.

Que d'vn soin libre, mais discret,
Ma curiosité ne sonde,
Ses cabinets me sont ouuers,
Et dans ma recherche profonde
Ie loge en moy tout l'vniuers.

Là, songeant au flus & reflus,
Ie m'abisme dans cette idée;
Son mouuement me rend perclus,
Et mon ame en est obsedée:
Celuy que l'euripe engloutit,
Iamais en son cœur ne sentit
Vn plus ardent desir d'apprendre:
Mais quand ie veux bien l'esplucher,
I'entens qu'on n'y peut rien entendre
Et qu'on se pert à le chercher.

Là, mainte Nef au gré du vent,
Seillonnant la plaine liquide,
Me fait repenser bien souuent,
A la Boussole qui la guide:
La miraculeuse vertu
Dont ce Cadran est reuestu,
Foule ma raison subuertie,
Et mes esprits en ce discort
S'embroüillent dans la sympatie
Du Fer, de l'Aymant, & du Nort.

Là, considerant à loisir
Les amis du temps où nous sommes,
Vne fureur me vient saisir,
Qui s'irrite contre les hommes:
O mœurs! dis-ie, ô monde brutal!
Faut-il que le plus fier metal
Plus que toy se monstre sensible:
Faut-il que sans te reformer
Vne pierre dure au possible
Te fasse honte en l'art d'aimer?

Mais, ô pourquoy me plains-ie ainsi
Du peu d'amitié qui se trouue,
Si ce grand Duc qui regne ici
Pour moy tout le contraire prouue?
Ne reçois-ie pas tous les iours
Autant en effects qu'en discours,
Des marques de sa bien-veillance?
Et n'aquerrois-ie pas le nom
Du cœur le plus ingrat de France,
Si ma bouche disoit que non?

Voila comme en me reprenant
Auec ces dernieres paroles,
Sur mon bon-heur m'entretenant,
Ie rends les premieres friuoles:
Voila comme selon l'obiet

LE CONTEMPLATEVR.

Mon esprit changeant de proiet,
Saute de pensée en pensée:
La diuersité plaist aux yeux,
Et la veuë en fin est lassée
De ne regarder que les Cieux.

Tatost comme vn petit batteau
Dans la bonace non suspecte,
I'apperçoy voguer sur cette eau
Le nid que l'orage respecte:
Pour luy le flot amer est doux,
Aquilon retient son courroux,
Saturne a l'influence heureuse,
Et Phœbus plein de passion
Aide en sa chaleur vigoureuse
A faire esclorre l'Alcion.

Tout ce qu'autrefois i'ay chanté
De la mer en ma Solitude,
En ce lieu m'est representé,
Où souuent i'ay fait mon estude:
I'y vois ce grand Homme marin,
Qui d'un veritable burin
Viuoit icy dans ma memoire:
Mon cœur en est tout interdit,
Et ie me sens forcé d'en croire
Bien plus qu'on ne m'en auoit dit.

LE CONTEMPLATEVR.

Il a le corps fait comme nous,
Sa teste à la nostre est pareille,
Ie l'ay veu iusques aux genoux,
Sa voix a frappé mon oreille;
Son bras d'escailles est couuert,
Son teint est blanc, son œil est vert,
Sa cheuelure est azurée,
Il m'a regardé fixement,
Et sa contenance asseurée
M'a donné de l'estonnement.

Vn portraict qui n'est qu'esbauché
Represente bien son visage:
Sous du poil son sein est caché,
Il a des mains le libre vsage:
De la droite il empoigne vn Cor
Fait de nacre aussi rare qu'or
Dont les chiens de mer il assemble:
Ie puis croire vn glauque auiourd'huy,
Bref, à nous si fort il ressemble,
Que i'ay pensé parler à luy.

De mainte branche de coral
Qui croist sous l'eau comme de l'herbe,
Et dont Neptune est liberal,
Il porte vn pennache superbe;
Vingt tours de perles d'Oriant

LE CONTEMPLATEVR. 23

Riches d'vn lustre variant
En guise d'escharpe le ceignent;
D'ambre son chef est parfumé,
Et quoy que les ondes le craignent
Il en est pourtant bien aimé.

Tantost lassé d'estre en repos
Sur vn si haut & si dur siege,
Cherchant vn lieu plus à propos
Ie tens aux Lapins quelque piege:
Tantost ie tire aux Cormorans,
Qui bas dans les flots murmurans
Tombent percez du plomb qui tuë,
Ils se debattent sur ce bort,
Et leur vie en vain s'esuertuë
D'eschapper des mains de la mort.

Tantost nous allant promener
Dans quelque chaloupe à la rade,
Nous laissons apres nous trainer
Quelque ligne pour la Dorade;
Ce beau Poisson qui l'apperçoit
Pipé de l'espoir qui conçoit
Aussi tost nous suit à la trace;
Son cours est leger & bruyant,
Et la chose mesme qu'il chasse
Enfin l'attrape en le fuyant.

Quelquefois bien loin eſcarté,
Ie puiſſe pour apprendre à viure,
L'Hiſtoire ou la Moralté
Dans quelque venerable liure,
Quelquefois ſurpris de la nuit,
En vne plâge, ou pour tout fruit,
I'ay ramaſſé mainte coquille,
Ie reuiens au Chaſteau reſuant
Sous la faueur d'vn ver qui brille,
Ou pluſtoſt d'vn aſtre viuant.

O bon Dieu ! m'eſcriay-ie alors,
Que ta puiſſance eſt nompareille,
D'auoir en vn ſi petit corps
Fait vne ſi grande merueille!
O feu ! qui touſiours allumé,
Bruſle ſans eſtre conſumé!
Belle Eſcarboucle qui chemines!
Ton eſclat me plaiſt beaucoup mieux
Que celuy qu'on tire des mines
Afin d'enſorceler nos yeux!

Tantoſt ſaiſi de quelque horreur
D'eſtre ſeul parmy les tenebres,
Abuſé d'vne vaine erreur,
Ie me feins mille obiects funebres,
Mon eſprit en eſt ſuſpendu,

LE CONTEMPLATEVR. 15

Mon cœur en demeure esperdu,
Le sein me bat, le poil me dresse,
Mon sang glacé n'a point de bien,
Et dans la frayeur qui m'oppresse
Ie croy voir tout, pour ne voir rien.

Tantost deliuré du tourment
De ces illusions nocturnes,
Ie considere au Firmament
L'aspect des flambeaux taciturnes:
Et voyant qu'en ces dous deserts
Les orgueilleux Tyrans des Airs
Ont appaisé leur insolence,
I'escoute à demy transporté
Le bruit des ailes du Silence
Qui vole dans l'obscurité.

Trouueray-ie au retour conuer-mis,
I'entretiens mon Dvc à la table,
En tant comme il me l'est permis,
De quelque propos delectable:
Ie le fais rire de ma peur,
Ie lui dis quel spectre trompeur
I'ai creu s'estre offert à ma veuë,
Et pour noyer tout mon souci,
Sur vn grand verre ie me ruë,
Où le vin semble en rire aussi.

Là, suiuant les suiets du temps,
Tantost nous parlons de la Digue
Où, vray Prophete, ie m'attens
De voir creuer la ieune Ligue:
Tantost les cœurs tous resiouis,
Nous celebrons du grand LOVYS
L'heur, la prudence, & le courage,
Et disons que le Cardinal
Est à la France dans l'orage
Ce qu'au nauire est le fanal.

Tantost sur le bruit que l'Anglois
Vne visite nous prepare,
Nous proiettons tous les exploits
Dequoy la Victoire se pare:
Tenez-vous donc pour asseuré
Que cét Ennemy coniuré
Qui tant de faux desseins embrasse
En ce lieu propre à l'en punir,
Sera receu de bonne grace,
S'il nous oblige d'y venir.

Tantost apres minuict sonné,
Ayans chez moy fait la retraitte,
D'vn soin aux Muses adonné
I'escry comment Amour me traite:
Tantost mesprisant son pouuoir,

Quoy que sans yeux ie luy fay voir
Par quel moyen on le surmonte:
Ie me guery des maux soufferts,
Et d'vne genereuse honte
Ma raison brise tous ces fers.

Tantost d'vn son qui me rauit,
Et qui chasse toute manie,
La saincte Harpe de Dauid
Preste à mon Luth son armonie,
Puis iusqu'à tant que le sommeil,
Auec vn plaisir sans pareil,
Me vienne siller la prunelle,
Ie ly ces sacrez Testamens,
Où Dieu, d'vne encre solemnelle,
Fait luire ces hauts Mandemens.

Tantost leué deuant le iour,
Contre ma coustume ordinaire,
Pour voir recommencer le tour
Au celeste & grand luminaire;
Ie l'obserue au sortir des flots,
Sous qui la nuict, estant enclos,
Il sembloit estre en sepulture;
Et voyant son premier rayon,
Beny l'Atheur de la Nature,
Dont il est comme le crayon.

Ainsi, di-ie, en le regardant,
Verra t'on, quoy que l'oubly face,
Au poinct du dernier iour ardant
Ressusciter l'humaine Race:
Ainsi, mais plus clair & plus beau,
Verra t'on comme ce flambeau
Monter au ciel le corps du Iuste,
Apres qu'auecques maiesté,
Dieu seant en son trosne auguste
L'aura par sa bouche arresté.

Lors d'vn soucy graue & profont
Me ramassant tout en moy-mesme,
Comme on tient que nos Esprits font
Pour faire quelque effort extréme:
L'immortelle & sçauante main
De ce fameux Peintre Romain,
N'a rien tracé d'esmerueillable
Que ce penser de l'aduenir
Plein d'vne terreur agreable,
Me ramene en mon souuenir.

Là, resuant à ce iour presis
En qui toute Ame saine espere,
Iour grand, où l'on verra le fils
Maistre aussi tost comme le pere,
Ie m'imagine au mesme instant

LE CONTEMPLATEVR.

Entendre le son esclattant
De la trompette Seraphique,
Et pense voir en appareil
Espouuentable & magnifique,
IESVS au milieu du soleil.

A ce bruit que ie dois nommer
La voix de la seconde Vie,
Qui semble desia r'animer
Celle que la Parque a rauie;
A ce ton qui de bout en bout,
Icy bas resueillera tout,
Et pour le dueil, & pour la ioye;
Il n'est posture quant au corps
En quoy mon œil esmeu de croye,
Voir sortir du tombeau les morts.

L'vn m'apparoit vn bras deuant,
L'autre ne monstre que la teste
Et n'estant qu'à moitié viuant,
Force l'obstacle qui l'arreste:
Cestuy-ci s'esueille en sursaut,
Cestuy-là ioint les mains en haut,
Implorant la faueur diuine,
Et l'autre est à peine leué,
Que d'vn cœur deuot il s'encline
Deuers l'Agneau qui l'a sauué.

Pres de là le frere & la sœur,
Touchez de ce bruit dont tout tremble
D'estre accusez d'inceste ont peur,
Pour se trouuer couchez ensemble,
Icy la femme & le mary,
Obiet l'vn de l'autre chery,
Voyans sa clarté souhaittee,
Semblent s'estonner & gemir,
D'auoir passé ceste nuictee
Sans auoir rien faict que dormir.

Tel, qui n'eust sceu quasi marcher
Autrefois trauaillé des goutes,
Court maintenant, & va chercher
Du Ciel les glorieuses routes :
Tel, de qui le seul ornement
Fut d'estre vestu richement
Et d'auoir des valets sans nombre,
Esbahy de sa nudité,
N'est plus suiui que de son ombre,
Encore va t'elle à costé.

L'vn de parler est tout raui,
Veu qu'il manquoit iadis de langue,
Et fait à Dieu qu'il a serui,
Son humble & premiere harangue :
L'autre qui iamais du soleil

LE CONTEMPLATEVR.

N'auoit veu l'esclat nompareil,
Pour estre aueugle de naissance,
Admire à present sa couleur,
Dont il ignoroit la puissance,
Bien qu'il en conneust la chaleur.

Bref, en cette apparition
Ceux qui bien-heureux doiuent estre,
Sans aucune imperfection,
Ie me figure voir renaistre:
Mais les meschans desesperez
Pour qui desia sont preparez
De l'enfer les tourmens enormes,
Ne se representent à moy
Que si hideux & si difformes
Que mon Ame en transit d'effroy.

Il m'est aduis qu'en mesme endroit
Ie voy la diuine Balence,
Peser & le tort & le droit
Sans faueur & sans violence:
Apres ce iugement final,
Donné sur le sainct Tribunal,
Deuant qui Dieu veut qu'on responde,
Ie croy que le haut eslement,
Ne fait desia de tout le Monde
Qu'vn globe de feu seulement.

Les estoilles tombent des Cieux,
Les flammes deuorent la terre,
Le Mongibel est en tous lieux,
Et par tout gronde le tonnerre:
La Salamandre est sans vertu,
L'Abeste passe pour festu,
La Mer brusle comme eau de vie,
L'Air n'est plus que souffre allumé,
Et l'Astre dont l'Aube est suiuie
Est par soy-mesme consumé.

Les Metaux ensemble fondus
Font des riuieres precieuses,
Leurs flots bouillants sont espandus
Par les campagnes spacieuses;
Dans ce feu, le dernier des maux,
Tous les terrestres Animaux
Se consolent en quelque sorte,
Du Deluge à demy vangez
En voyant ceux que l'onde porte,
Aussi bien comme eux affligez.

L'vnique Oyseau meurt pour tousiours
La Nature est exterminee,
Et le temps acheuant son cours
Met fin à toute destinée :
Ce Vieillard ne peut plus voler,

Ilse

Il se sent les aisles brusler
Auec vne rigueur extresme,
Rien ne le sçauroit secourir,
Tout est destruit, & la Mort mesme
Se voit contrainte de mourir.

O Dieu qui me fais conceuoir,
Toutes ces futures merueilles,
Toy seul à qui pour mon deuoir
I'offriray les fruicts de mes veilles,
Accorde moy par ta bonté
La gloire de l'eternité,
Afin d'en couronner mon ame:
Et fay qu'en ce terrible iour
Ie ne brusle point d'autre flame
Que de celle de ton amour.

Et vous, dont les discours sont tels,
Accompagnez des bons exemples,
Que par leur fruict les vrais Autels,
Triomphent de tous les faux Temples:
Vous, dis-ie, à qui i'escry ces Vers,
Où dans la mort de l'vniuers,
Vn haut renom s'immortalise.
Vueillez estre leur protecteur,
Et permettez-moy qu'on lise,
Que ie suis vostre adorateur.

C

L'ANDROMEDE,

A MONSEIGNEVR FRERE VNIQVE DV ROY.

PRIS d'vne ardeur nouuelle
De monter iusqu'au sommet,
Où la Muse qui m'appelle
La guirlande me promet;
Il me plaist que mon Genie,
Dans ceste douce manie
Chante auiourd'huy pour les Dieux
La fable presque estouffée,
De la fille de Cephée,
Qui luit maintenant aux Cieux.

L'ANDROMEDE.

Digne frere d'vn Monarque
Dont les Armes & les Loix
Sauuent des mains de la Parque
L'honneur du Sceptre Gaulois:
Noble suiet de l'Histoire,
Grand Heros, de qui la gloire
N'entrera point au cercueil,
Et par qui dans cét Empire
La vertu seule respire
L'air d'vn gracieux accueil.

 Prince, à qui les destinees
Ont tissu de filets d'or,
Les plus illustres annees
Dont le temps fasse thresor,
En attendant que ma plume
Dans vn precieux volume,
Vous monstre à tout l'vniuers,
D'vne faueur nompareille,
Grand Gaston prestez l'oreille
Aux doux accents de ces vers.

 Le ieune & vaillant Persée
Aussi viste qu'vn esclair,
D'vne aisle au vent balancée
Fendoit la vague de l'air;
Lors que la triste Andromede,

Sans espoir d'aucun remede,
A la mort qu'elle attendoit,
Se descouurit à sa veuë
D'autant de beautez pourueuë
Que sa Mere en pretendoit.

Là pour expier le crime
Qu'un autre auoit perpetré,
Et que iamais on n'exprime
Qu'on n'en ait le cœur outré:
Cette Vierge infortunée
Au pied d'un roc enchaisnée,
Offroit son corps à Thetis
Et deuoit, sans cét Alcide,
Saouler d'un Monstre homicide
Les furieux appetis.

Ses parens vn peu loin d'elle,
De longs cris perçants les Cieux,
D'vne passion fidelle
Demandoient secours aux Dieux:
Et voyans à leur priere,
Par ceste vaste carriere,
Ce hardy Prince voler,
Croyoient que ce fust Mercure,
Qui fendist la nuë obscure
Pour les venir consoler.

Aux charmes de ce visage,
Où deux Astres esclattoient,
Il pensa perdre l'usage
Des plumes qui le portoient;
Et peu s'en fallut que l'onde
D'vn œillade vagabonde
Contemplant cét Amoureux,
Ne luy vist comme vn Icare
Noyer en son sein barbare
Ses desirs trop genereux.

Enfin rappellant son Ame
De ce long rauissement,
Deuers l'obiet qui l'enflame
Il s'abaisse doucement;
Puis imprimant sur l'areine
D'vne allure autre qu'humaine
La distance de ces pas,
Plein de respect il s'approche
De l'impitoyable roche
Où l'on voyoit tant d'appas.

Ce chef-d'œuure de Nature,
Ce miroir de chasteté,
Qui mesme en cette posture
Obseruoit l'honnesté:
Cette innocente victime

Qu'vn Oracle illegitime
Voüoit à ce triste sort,
Eut soudain à sa venuë
Plus de honte d'estre nuë,
Que de crainte de la mort.

Aussi la pudeur atteste
Que sans ses fers inhumains
Sur son visage modeste
Elle auroit porté les mains,
Et qu'à l'heure on vit les roses
En ce beau visage escloses
Prendre la place des lys,
Qui sous cette aimable honte,
Dont l'Honneur fait tant de conte,
Furent presque enseuelis.

Cette pudeur virginale
Luy rendant le teint pareil
A la clarté matinale,
Qui deuance le Soleil;
Iointe aux pitoyables charmes
De son poil baigné des larmes
Qu'on luy voyoit espancher,
Garda qu'elle ne fut prise
Par ce Beau Neueu d'Acrise,
En tel lieu pour vn rocher.

L'ANDROMEDE.

Il est bien vray que sans peine
Il auroit pû desia mieux
Sortir d'une erreur si vaine
Par les rayons de ses yeux :
Mais quoy qu'ils fissent paresstre,
Ne pouuoit ce pas bien estre
Quelque diamants aussi,
Qui sur la roche natale,
Où Nature les estale
Reluisoient à l'heure ainsi ?

D'ailleurs estoit-il croyable,
Et pouuoit-on conceuoir
Qu'en vn climat effroyable
Rien de si doux se peut voir ?
Ny qu'au milieu de l'Affrique
A qui le chaut qui la pique
Noircit mesme iusqu'au sang,
Parmy des visages sombres
Où les corps passent pour ombres,
Il s'en trouuast vn si blanc ?

Pendant qu'il la considere,
Rien que la discretion
En tous ses regards modere,
La trop libre intention,
Elle pleure, elle souspire,

Tournant en bas, sans rien dire,
Ses yeux de honte animez;
Et pense au dueil qui l'emporte,
Se cacher en quelque sorte
Quand elle les a fermez.

Quelle influence peruerse,
Luy, dit-il, plein de pitié,
Dessus vostre teste verse
Sa cruelle inimitié:
Dites moy quelle fortune
Ose vous estre importune,
Beauté, dont ie suis espris?
Et me declarez encore
Sous quel nom on vous adore,
Si vous n'estes point Cipris?

O Cieux! quelle barbarie,
Quel execrable attentat,
Quel Demon, quelle furie,
Vous a mises en tel estat;
Helas! pourroit-on bien croire
Que celle de qui la gloire
Seroit cherie aux Enfers,
Et dont les beautez extresmes
Captiueroient les Dieux mesmes,
Fust maintenant dans les fers?

A ceste iuste semonce
Faite auec mille regrets,
Elle ne rend pour responce
Que gemissemens secrets:
Mais son cœur en ce silence,
D'vne douce violence
Faisant mouuoir son beau sein,
Semble, tant ce poinct le touche,
S'en fascher contre sa bouche,
Et s'enfler à ce dessein.

Il craint qu'il ne soit capable
De faire croire en effect
Qu'elle puisse estre coupable
De quelque horrible forfait;
Et pour preuenir le blasme
Que peut engendrer en l'ame
Vn si dangereux soupçon,
Apres s'estre vn peu forcee,
Elle addresse au beau Persee
Sa plainte en quelque façon.

Qui que vous soyez dit-elle,
Que le sort guide en ces lieux,
Soit de la race mortelle,
Soit de la troupe des Dieux:
Ie dis le sort, non l'enuie

De venir sauuer ma vie
Du peril ou ie la voy,
Car le Ciel m'est trop seuere
Pour penser qu'en ma misere
On daigne auoir soin de moy.

Là les sanglots, & les larmes
Interrompent ce discours,
Et sa voix pleine de charmes
En reprend ainsi le cours :
Ne croyez pas que ces chaisnes
Me facent souffrir les geines
D'vn suplice merité ;
L'innocence vous oblige
En la peine qui m'afflige,
D'en ouyr la verité.

La Reine d'Etiopie,
Que ma Mere à mon mal-heur.
Ie dois nommer, quoy qu'impie,
Et cause de ma douleur :
Sa vanité fut bien telle
D'oser se dire plus belle
Que les Nymphes de la Mer,
Qui pour vanger cet outrage,
Monstrent bien que leur courage,
Comme leur flots est amer,

L'ANDROMEDE.

Ces Deïtez courroucées,
Portant le ressentiment
De leurs beautez offencées,
Au delà du chastiment,
Ont voulu qu'vn monstre enorme
Vn poisson d'horrible forme
Vint affliger ce pays,
Et que mesme sur la terre
Sa cruauté fist la guerre
A nos peuples esbahis.

Pour empescher ses rauages
Qui nous ont fait tant de mal,
Et deliurer nos riuages
D'vn si funeste Animal,
Soudain l'Oracle on consulte,
On le prie en ce tulmute
De nous vouloir secourir;
Mais sa fatale ordonnance,
Trop dire à ma souuenance,
Ne parle que de mourir.

Il faut, dit-il, qu'on octroye
Par vn tribut annuel:
Vne noble fille en proye
A ce Monstre si cruel
Là ses mandemens s'acheuent,

Là mille plaintes s'esleuent
Dont tout le Temple fremit,
L'Idole sort de sa place,
D'effroy la lampe se glace,
Et l'Autel mesme en gemit.

En fin le sacré Concierge
Commande qu'on iette au sort,
Pour connoistre quelle Vierge
On doit liurer à la mort :
Et moy l'vnique heritiere
Presque de l'Affrique entiere,
O lamentable Destin!
Las! ie suis mal-heureuse
Que cette Loy rigoureuse
Prend pour son premier butin.

Comme sa bouche plaintiue
Ce dernier mot prononçoit,
On voit bien loin de la riue
Le Monstre qui paroissoit
La frayeur reprend son ame,
Elle crie, elle se pasme
Dans les bras du desespoir,
Et le Nocher de la Parque
Croit que bien tost dans sa barque
Son ombre se fera voir.

L'ANDROMEDE.

Le triste & desolé pere
Arrachant ses blancs cheueux,
Quoy que nulle ayde il n'espere,
Redouble à ce coup les vœux:
Et la Mere repentante,
D'vne main fiere & tremblante,
Voulant punir sa beauté,
De son sang signe en sa iouë
Comme son cœur desaduouë
Ce qu'à dit sa vanité.

Est-ce là tout le remede,
Dit Persee approchant d'eux
Que l'innocente Andromede
Doit attendre de vous deux?
N'auez-vous point d'autres armes
Que les complaintes, & les larmes,
Les vœux & l'estonnement?
Et verrez-vous sans obstacle
D'vn si perilleux spectacle
Le tragique euenement?

Non, non, ie suis trop sensible,
Et trop pleine d'amour aussi,
A ma valeur inuincible
Laissez-en tout le soucy,
Seulement en recompense

Des maux, où pour sa defense,
Ie m'en vay me hazarder,
Vostre foy me soit donnée
Que sous vn sainct Hymenée
Ie la pourray posseder:

    Que si le temps qui nous presse,
Et ma genereuse ardeur,
Souffroient que de ma Noblesse
Ie vous dise la grandeur;
Vous sçauriez comme ce Prince
Dont le Ciel est la Prouince
Et les Dieux sont les subiects,
Est mon pere veritable
Qui m'a rendu redoutable
En tous mes fameux proiects.

    Vous sçauriez comme pour guide
N'ayant que l'aueugle Amour,
Ce Monarque en or liquide
Se coula dans vne tour:
Que Danaé prisonniere,
En cette estrange maniere
Dans sa couche le reçeut;
Et que me faisant connestre,
Ie puis seul me vanter d'estre
L'heureux fruict qu'elle conceut.

D'ailleurs si de mes victoires
I'osois vous entretenir,
Vous en sçauriez des histoires
Dignes d'vn long souuenir:
Là ie vous ferois entendre
Qu'en mon âge le plus tendre
I'ay poussé dans le cercueil,
Par des labeurs incroyables
Ces Gorgonnes effroyables
Qui s'entreprestoient vn œil.

Bref vous sçauriez que Meduse,
Aux hideux crins des serpens,
Ma iuste & mortelle ruse
A sentie à ses despens;
Et s'il vous estoit possible
De voir son visage horrible
Sans perir au mesme instant,
Ma main seroit toute preste
De vous en monstrer la teste
Que ie cache en la portant.

Il se teût-là, pour entendre
Du triste Roy qui pleuroit,
Qu'il auoit droit de s'attendre
A plus qu'il ne requeroit:
Car outre sa chere fille,

Seul honneur de sa famille,
Que l'on luy vouloit oster;
Ses biens, sa personne mesme
Et son propre diadesme
Il le prioit d'accepter.

Muse laisse là Persee,
S'apprester à receuoir
Ce Monstre, qu'à ma pensée
Tes misteres ont fait voir:
Et tournant icy ta veine,
Qui d'ardeur est toute pleine,
Vers ce prodige des flots,
Vueille si bien le despeindre
Qu'il se fasse encore craindre
Aux plus hardis Matelots.

Sa teste affreuse & superbe,
Aux marques qu'elle portoit,
Du sang tombé sur de l'herbe,
Viuement representoit;
Ses prunelles embrasees
Ressembloient à ces fusees
Qui font leur effect dans l'eau,
Et iettoient tout droit en l'ame
A longues pointes de flame,
La froide horreur du tombeau.

Tout

L'ANDROMEDE.

Tout ainsi qu'vne Baleine,
Il auoit dessus les yeux
Deux tuyaux qui pour haleine,
Souffloient de l'eau iusqu'aux Cieux:
Sa gueule de Crocodile,
Estoit vn gouffre mobile,
La Mer s'abismoit dedans,
Et souuent sa langue noire
Se dardoit entre l'yuoire
Du triple rang de ses dents.

De mainte coquille dure
Qui sur le dos luy croissoit,
Comme d'vne espaisse armure,
Sa peau s'en orgueillissoit:
Vne espouuentable queuë,
Moitié iaune & moitié bleuë,
Luy tournoyoit sur le corps:
Et parfois en frapant l'onde,
Sembloit menacer le Monde
De ses merueilleux efforts.

Ses pieds qui du vieux Nerée,
Seillonnoient les vastes champs,
Dans cette plaine azurée,
Fichoient des ongles trenchants:
A le voir sur l'eau s'estendre,

Sa grandeur l'auroit fait prendre
Pour vn vaisseau renuersé,
Ou pour quelque Isle flottante,
Ainsi que la Grece chante
Qu'elle en vit au temps passé.

Les vagues d'horreur esmeuës,
Autour de luy blanchissoient :
Les Airs se couurans de nuës
Le iour en obscurcissoient :
Le Ciel en suoit de crainte,
La terre en estoit contrainte
D'esbranler ses fondemens ;
Bref, vne fiere tempeste
A l'aspect de cette Beste
Troubloit tous les eslemens.

Comme aux lieux où Mars domine,
Pendant quelque horrible assaut,
Vne foudroyante mine
Emporte quelqu'vn en haut :
Tout de mesme en cét orage
De l'ardeur de son courage,
Persée estant emporté,
Haut sur le Monstre s'eslance,
Aussi-tost comme il s'auance
Vers le butin souhaité.

L'ANDROMEDE.

Il fend l'air la main armée,
D'vn coutelas flamboyant;
Sous luy la beste animée
S'enfle & gronde en le voyant:
Elle court la gueulle ouuerte,
D'où sort vne escume verte,
Apres l'ombre du Guerrier,
A qui de cette entreprise
La gloire en son ame esprise
Offre desia le laurier.

Tel que descend le tonnerre
Sur quelque arbre audacieux,
Qui de la part de la terre
S'emble défier les Cieux;
Tel en fureur il se iette
Plus viste qu'vne sagette,
Sur son Ennemy cruel,
Et d'vne profonde playe,
Courageusement essaye
A terminer ce duel.

Le Monstre tout en desordre
Du grand coup qu'il a receu,
Saute apres luy pour le mordre,
Mais son espoir est deceu;
Alors la Nuë irritée

L'ANDROMEDE.

De se voir ainsi heurtée
Se ramasse en tourbillons
Puis soudain quand il retombe,
La Mer, qui sous luy succombe,
Piroüette à gros boüillons.

Tantost iusqu'au fond d'vn gouffre,
La rage le fait plonger;
Tantost les peines qu'il souffre
Hors de l'eau le font nager:
Il s'arreste, il se tourmente;
La douleur qui s'en augmente
Luy fait pantheler le flanc,
Et par sa mortelle atteinte
L'onde d'alentour est teinte
De venin meslé de sang.

Toutes ces costes resonnent
De mugissemens affreux,
Les Dieux Marins s'en estonnent,
Dans leurs antres les plus creux:
Ce bruit venant en l'ouye
D'Andromede esuanouye
A soy la fait reuenir:
Ses fers à demy se laschent,
Et l'on diroit qu'ils se faschent,
De la pouuoir retenir.

L'ANDROMEDE.

En la peur qui delibere
De la vaincre à cette fois,
Elle croit que de Cerbere
Ces longs cris sont les abois;
Alors pensant estre morte
Sa frayeur deuint si forte
Qu'elle n'ose ouurir les yeux,
Tant la Chetiue apprehende
De voir l'Infernalle bande
Remplir de spectres ces lieux.

Durant tout cela Persée
D'vn effort impetueux
Redonne à teste baissée
Sur le poisson monstrueux
Et luy perçant les entrailles,
Malgré ses dures escailles,
En ce Martial estat,
Son bras en deux coups acheue
Ce qui defaut à son glaiue
Pour triompher du combat.

Mais enfin que la memoire
En dure eternellement,
Et qu'on chante sa victoire
Par tout solemnellement
M'eu d'vne loüable enuie,

Il veut autant que de vie
Ce Monstre soit despoüillé,
En laisser des marques telles,
Que de les voir immortelles
Le temps soit esmerueillé.

Lors de la fatale Teste
A cét effect il se sert,
Aux yeux mourans de la Beste
L'opposant à descouuert :
Aussi tost en cette place
Vn certain esprit de glace
Luy gaigne & fixe le corps,
Augmentant ainsi le nombre
De Rochers qui de leur ombre
Couure la Mer en ces bords.

Toutesfois de sa figure
Rien n'est metamorphosé;
Elle en garde la structure,
Et l'on en est abusé :
Car d'abord le plus habile,
De ce qu'elle est imobile,
S'esbahit plus à la voir,
Qu'il ne feroit en soy mesme
Si par vn miracle extresme
Il la voyoit se mouuoir.

L'ANDROMEDE.

Lors comme sur vne trophée
Le vainqueur se met dessus;
Les regards du bon Cephée
Soudain s'en sont apperceus:
Il en saute d'allegresse
La Reine à ce signe addresse
Sa course en haste à l'escueil,
Elle en asseure Andromede,
Mais l'erreur qui la possede,
Luy fait tousiours fermer l'œil.

Encore que de sa Mere
Elle entende les accens,
Et que cette voix tempere
L'effroy qui trouble ces sens,
Elle pense estre trompée,
Ou que de Cassiopée
Le destin est racourcy;
Car ayant commis le crime
La raison veut qu'elle estime
Qu'elle en est punie aussi.

Est-ce vous donc? ô chere Ombre,
Dit-elle en ouurant les yeux,
Mais quoy! dans l'Auerne sombre
Voit on la clarté des Cieux?
Ie m'abuse poursuit elle,

O Dieux! ſous voſtre tutelle
Mes iours ont donc eſté mis?
Il eſt donc vray que la vie
Ne m'a point eſté rauie,
Et que vous m'eſtes amis?

Ouy ma fille, il le faut croire,
Dit la Mere en l'embraſſant,
Vous en deuez rendre gloire
A leur ſecours tout puiſſant:
Vn d'entr'eux en forme d'homme
Que tout l'Vniuers renomme,
A daigné vous aſſiſter;
C'eſt celuy qui ſur la nuë
Par vne route incognuë,
Nous eſt venu viſiter.

D'vne valeur ſans ſeconde
Le Monſtre il a combattu;
Ce cruel Tyran de l'onde
A fleſchy ſous ſa vertu,
Sous l'effort de ſon eſpée
Son audace eſt diſſipée
Rien ne l'en a guaranty,
Et meſme on croit que Neptune
Touché de voſtre infortune,
A ſa mort a conſenty.

Au reste: ô bon-heur estrange!
Cét admirable Vainqueur
Dessous vos beautez se range
Et vous veut donner son cœur:
Amour dont nul ne s'exempte
Tout ainsi qu'il le presente
Dit qu'il l'accepte pour vous,
Vostre bon Pere l'approuue,
Et quand à moy ie le trouue
Aussi iuste qu'il est dous.

Ainsi cette belle Reine
La Princesse entretenoit,
Pour chasser du tout sa peine,
Tandis qu'on la deschainoit:
Ces mots luy flattent l'oreille,
Vne douceur nompareille
L'engage à de nouueaux fers;
Et son ame en fin se noye
Dans vne discrette ioye
Des biens qui luy sont offerts.

Cependant qu'elle s'habille
D'vn precieux vestement,
Qui semble à l'or dont il brille,
Parler de contentement:
Le Roy tout transporté d'aise,

D'autre part baise & rebaise
La main de son Deffenseur,
Et d'vn cœur loyal ordonne
Que d'elle & de sa Couronne
Il soit fait le possesseur.

De vouloir icy descrire
Les propos longs & charmans
Qu'à l'abord se purent dire
Ces beaux & parfaits Amans;
C'est vne chose où la Muse
Se trouuant toute confuse
N'a point d'assez hauts discours:
Il suffit qu'vn hymenée,
Malgré le ialoux Phinée,
Recompensa leurs amours.

LA METAMORPHOSE DE LYRIAN ET DE SYLVIE,

A Me. D. L. B.

Ruel & beau subiet des peines obstinées,
A quoy m'ont reserué les noires destinees,
Pour me faire souffrir en l'Empire Amoureux,
Tout ce que les Enfers ont de plus rigoureux?
Puis que vous refusez à l'ennuy qui m'afflige
Le moindre allegement dont l'espoir nous oblige,
Puis que mesme les pleurs en secret espandus
Par vos seueritez m'ont esté defendus:

Permettez qu'en ces Vers, où ie me veux dépaindre
Sous vn nom emprunté, mon cœur se puisse pleindre
Et quand mes passions vous contant auiourd'huy
La grandeur de mon mal par la bouche d'autruy.

Ie vous veux reciter la plus estrange histoire
Qui sur l'oubly mortel ait iamais eu victoire;
Fassent les iustes cieux qu'en fin sans vous fascher
Le merueilleux progrez vous en puisse toucher.

Sous le plaisant climat des Isles de fortune
Ou tous les habitans font hommage à Neptune,
Vn aimable Berger demeuroit autre fois;
Trop heureux si d'Amour il n'eust suiuy les Lois;
Lyrian fut son nom, & celuy de la Belle
Qu'à sa longue recherche il trouua si rebelle,
Siluie ainsi que vous, qui par la cruauté
Luy ressemblez aussi comme par la beauté.

On tient en ce Pays, où vit sa renommée,
Qui iamais par les ans ne sera consommée;
Qu'au doux art qu'Apollo enseigne aux bons Es-
  pris
Sur tous les plus diserts il emportoit le pris.
Mais n'y tous ces discours, ny son merite extresme
Que l'Enuie estonnée admiroit elle mesme,
Ne peurent disposer l'obiet de ces desirs
A changer ses ennuis en autant de plaisirs:
Les prez delicieux & les bois solitaires,
Qui luy seruoit alors de loyaux secretaires,

LA METAMORPHOSE.

Sont encore tesmoins, & le seront tousiours,
De la fidelité de ses chastes Amours:
C'estoient eux seulement qui connoissoient sa fla-
me,
C'estoient eux seulement qui soulageoient son ame,
Quand aux fors des douleurs qui le persecutoient,
Auec quelque pitié sa plainte ils escoutoient.
  O Dieux! combien de temps fut-il à se resoudre,
Bien qu'il vist que son cœur s'alloit reduire en pou-
dre,
A descouurir sa peine aux yeux qu'il adoroit?
Tant la discretion en ses mœurs operoit:
Et quoy qu'il peust souffrir, ie croy que le silence,
Auroit de son ardeur esteint la violence,
Par le coup desiré d'vne subite mort,
Auant qu'à son respect il eust fait tel effort:
Aussi nul n'en sceut rien iusqu'à ce que les arbres
Et les endroits vnis des plus solides marbres,
L'offrirent à la veuë, escrite de sa main,
A ceste belle Nymphe au courage inhumain.
  Elle s'en offença, Dieux! est-il bien croyable,
Qu'vne telle amitié luy fut desagreable?
Qu'vn orgueilleux desdain comme absolu vain-
queur,
Luy fit naistre aussi-tost la haine dans le cœur?
Que ces chiffres d'Amour si remplis de mysteres,
Ne furent à ses yeux que de vains caracteres?

Et quelle les peut lire auecques ce penser
De ne les plus reuoir que pour les effacer?
Las! il n'est que trop vray, mais ceste ame farouche
Ne s'en contenta pas, il fallut que sa bouche
S'accordant à son cœur plus dur qu'vn diamant,
En prononçant l'Arrest à ce fidelle Amant.
Que ne luy dit-il point pour luy seruir d'excuse?
Quelles viues couleurs n'employa point sa Muse,
A luy representer que ceste affection
S'autorisant en luy par la perfection
Des rares qualitez qui reluisoient en elle,
Ne se pouuoit qu'à tort appeller criminelle,
Si la iustice mesme & la raison aussi
Qui font aymer les Dieux ne s'appelloient ainsi?
Que l'Astre souuerain, dont la haute puissance
Regissoit les mortels, au poinct de sa naissance
Par vn decret fatal ordonné dans les Cieux,
Le voulut destiner à seruir ses beaux yeux,
Et que quand son vouloir s'y fust rendu contraire,
Ses sentimens forcez n'eussent pû s'en distraire,
De sorte que son Ame en sa captiuité
Ne faisoit qu'obeir à la necessité.
Ce n'est pas, disoit-il, qu'au milieu de ses chaisnes
D'vn esprit tout content il n'en benist les gesnes,
Qu'il n'estimast ce ioug si doux & si plaisant,
Que la plus libre humeur l'eust treuué peu pesant
Et que malgré le sort, de qui la violence

LA METAMORPHOSE.

S'opposoit à son bien auec tant d'insolence
Ce ne fut son desir d'aimer iusqu'au cercueil,
L'obiect qui luy faisoit vn si mauuais accueil,
Mais ses intentions si iustement conceuës,
Quoy qu'il peust alleguer, ne furent point receuës:
Au contraire on eust dit à voir son fier maintien,
Qu'elle se desplaisoit en ce doux entretien.
Ce qu'elle confirma par vne prompte fuite,
De peur (comme ie croy) qu'elle n'en fust seduite.
Tant il auoit de grace & d'esloquens appas
A prouuer qu'en l'aimant il ne l'offençoit pas.
Il essaya depuis par mille bons offices,
N'espargnant aux Destins ny vœux ny sacrifices,
A fleschir son humeur, & luy faire sentir
Le profond mouuement de quelque repentir,
Ses douleurs, ses regrets, ses souspirs & ses larmes
Monstrans à tous propos leurs pitoyables charmes,
Y firent leur deuoir, & n'oublierent rien,
Qui luy pûst à la fin causer vn si grand bien :
Cependant son Amour trouua tout inutile,
Et mesme iusqu'aux Vers, dont l'admirable stile
Luy fit auoir le bruit d'immortel Escriuain,
Deuant cette Beauté se monstrerent en vain.

 Six ans estoient passez sans aucune esperance
De la pouuoir gagner par la perseuerance,
Quand il la rencontra comme elle alloit chasser
Vn cheureüil que les chiens venoient de relancer,

Quiconque a veu l'hôneur des Nymphes bocageres
Au milieu des genests, des houlx & des fougeres,
En queste d'vn sanglier auec ardeur & soing,
Elle appelle au combat, l'arc & la flesche au poing,
Se peut imaginer l'aspect graue & celeste,
L'equipage, l'habit, la stature & le geste
De la belle Syluie entrant dedans le bois;
Pour atteindre la proye & la mettre aux abois,
Soudain que Lyrian comblé d'inquietude,
Eust ainsi descouuert en cette solitude
Celle à qui ses douleurs demandoient du secours;
En courant apres elle il luy tient ce discours.

 As-tu donc resolu Syluie
De fermer l'oreille à mes cris,
Et les yeux à mes doux escrits,
Qui parlent si bien de ta vie?
As-tu fait auecques mon sort,
Que mon auanture soit telle,
Pour t'auoir renduë immortelle,
Qu'il faille me donner la mort?

 Mon triste cœur qui se lamente,
Conte que le Monde & le Temps
Sont presque enuieillis de sept ans,
Depuis que l'Amour me tourmente:
Crois-tu que ce peu de vigueur
Qui paroit en ma resistance,
Me puisse fournir de constance

Contre

Contre vne eternelle rigueur?

 Te verray-ie tousiours farouche,
Errer dans ce bois escarté,
Que ton insensibilité,
Pourroit accroistre d'vne souche?
Helas! ie ne puis plus courir,
Tant la douleur me rend debile,
Insensible, sois immobile
Seulement pour me voir mourir.

 Au moins declare moy de grace,
Qui te meine en ces sombres lieux,
Où le Ciel auec tous ses yeux
Ne sçauroit voir ce qui s'y passe :
Est ce pour cacher la splendeur
Des Astres de ton beau visage?
Où ne cherches-tu de l'ombrage
Que pour conseruer ta froideur?

 En vain ta rigueur inflexible
Te porte à ce mauuais dessein,
Que tout esprit qui sera sain,
N'estimera iamais possible :
Si ce n'est que la verité
Nous fasse voir par quelque preuue,
Que deuant le soleil on treuue,
La frescheur & l'obscurité.

 Hé! ne crains-tu point la furie
De ces animaux enragez,

Qui tant de fois se sont chargez
De l'honneur de ma Bergerie;
Non, tu les verrois sans effroy,
Et leur irois faire la guerre,
Sçachant bien qu'en toute la terre
Rien n'est cruel au prix de toy.

Fiere Nymphe qui fait trofée
D'vn naturel sans amitié,
Et triomphes de la pitié
Dessous ton orgueil estoffee;
Quoy! tu ne veux pas reuenir?
Et les ronces en m'oyant plaindre
Afin que ie te pusse atteindre,
Ont tasché de te retenir?

Dieux! qui vit iamais telle chose?
On peut bien dire maintenant
Que l'espine en te retenant
A plus de douceur que la Rose :
Ie te compare à cette fleur
Par ta beauté qui luy ressemble,
Bien qu'elles different d'ensemble
En la cause de la couleur.

Car cette agreable merueille
Que Flore met à si haut pris,
De la piqueure de Cypris
Est deuenuë ainsi vermeille:
Mais la rougeur de ton beau teint,

LA METAMORPHOSE.

Où i'ay leu mon triste salere,
Ne preuient que de la colere
Dont au vif ton cœur est atteint.

 Sylure, en quoy t'ay-ie offensée
Pour t'irriter comme tu fais ?
Le souuenir d'aucun forfais
Ne reuient point dans ma pensée :
Si ton iugement animé
Contre ma flame legitime
Tient que tout excez est vn crime,
I'ay failly, car i'ay trop aymé.

 Mais mon humeur est incapable,
De reprouuer cette action,
Et par l'extréme affection
Ie fay gloire d'estre coulpable,
Mesme ie tiendray pour constant,
Quoy qu'à l'encontre on me rapporte
Que tout peché de cette sorte
Ne s'amende qu'en s'augmentant.

 Miserable ! où vont ces paroles ?
Helas ! à quoy t'amuses-tu ?
Tes raisons n'ont point de vertu,
Et tes complaintes sont friuolles :
Dieux ! apres tant de maux souffers,
Dont mon cœur peut monstrer les marques,
Viendra t'il point vne des Parques,
M'ouurir la porte des Enfers !

E 2

Hà ! ie sens faillir mon courage,
Mes esprits se vont consommer,
Ie ne sçay plus que reclamer
Au fort d'vn si cruel orage :
Profondes horreurs du trespas,
Gouffres beants, noirs precipices,
Si vous voulez m'estre propices
Presentez-vous deuant ses pas.

Quand i'aurois l'vne des pommes
Dont Hypomene se seruit,
Et par qui cét Amant se vit,
Le plus heureux de tous les hommes ;
Celle à qui i'ay veu reietter
L'Empire entier de tout le Monde,
A sa simple figure ronde
Ne se voudroit pas arrester.

Elle est vne roche en sa haine,
Et moy qui suis vn feu d'Amour,
Ie la suiuray donc nuict & iour,
Et ma poursuitte sera vaine !
O Nature ! escoutez vn peu,
Ce qu'à bon droit ie vous reproche :
Comment ! vous souffrez qu'vne roche
Soit plus legere que du feu ?

Vous endurez, à vostre honte,
Que l'on viole ainsi vos Loix :
Cette roche entendra ma voix

LA METAMORPHOSE.

Et n'en fera dont point de conte?
Que mon iugement se confont!
S'il estoit vray qu'elle fut telle,
Pourquoy ne me respondroit-elle
Comme toutes ces autres font?

   Ainsi las de courir & vaincu de tristesse
De voir que par sa Dame il l'estoit en vitesse,
Le pauure Lyrian s'abandonne aux regrets
Lasche de sa vigueur les mouuements secrets,
Renonce à la constance, & dans son ame entrée,
Le sanglant desespoir ayant fait son entrée,
Comme fait vn Tyran dans quelque lieu forcé
Où la confusion a tout bouluersé,
Inuoque les Demons, profere maints blasphesme,
Conseruant toutesfois en cette rage extresme
Le respect de Syluie, & faisant son effort
A faire viure Amour au milieu de la mort.

   Celuy qui pour Dafné se vit en mesme peine,
Et ce Dieu des Bergers qui iadis hors d'haleine
Pensant prendre Syringue au bord des claires
    eaux,
N'embrassa, pour vn corps que de fresles roseaux,
Eurent tant de pitié de ce qu'en son martire
Vn iuste sentiment alors luy faisoit dire,
Qu'esueillant leur colere à ce tragique obiet
Ils iurerent soudain d'en punir le suiect:
L'effect suit la menace, on la voit transformee,

Cette ingrate Beauté, si vainement aimee:
Chacun de ses cheueux se herisse en rameau,
Et de superbe Nymphe, elle deuint Ormeau.
 Durant qu'en cét estat ses pieds prennent racine
Lyrian assisté d'vne faueur diuine
A le temps de l'atteindre & le bien de la voir,
Premier qu'il expirast, reduite en son pouuoir;
Dieux! ce dit-il alors, qui par cette auanture
Enseignez à mes yeux ce que peut la Nature,
Faites qu'à ce beau tronc si dur à la pitié
Mon cœur puisse à iamais monstrer son amitié,
Il finit à ce mot pour en estre l'exemple,
Et son corps s'attachant à l'arbre qu'il contemple
Se change en mille bras tournoyans à l'entour
Dont il acquit le nom de symbole d'Amour:
Bref, ce fidelle Amant n'est plus qu'vn beau Lier-
 re,
Qui sur la tyge aimée, en s'esleuant de terre,
Cherche en sa passion qu'il tache d'appaiser,
La place où fut la bouche en fin de la baiser,
Chaque fueille est vn cœur qui monstre en sa ver-
 dure
Comme il l'auoit requis que son amitié dure:
La preuue s'en confirme en ces embrassemens
Et tout se pert en luy horsmis les sentimens:
Car on diroit à voir ses branches enlacées
Que se ressouuenant de ses peines passées

LA METAMORPHOSE. 71

Et voulant conseruer son bien present aussi,
De peur qu'il ne s'eschappe il l'enuironne ainsi.
　Orgueilleuse Syluie, à qui ces Vers s'addressent,
Que ie serois heureux dans les maux qui m'oppres-
　　sent;
Si i'osois esperer qu'aumoins apres la mort
I'obtinsse quelque iour vn pareil reconfort!
Mais au contraire, helas! vos rigueurs sont si gran-
　　des
Que i'ay beau les flatter des plus dignes offrandes;
Ie croy qu'elles voudroient que ie fusse immortel,
Afin tant seulement que mon ennuy fust tel.

L'ARION

A MONSEIGNEVR LE DVC DE MONTMORENCY.

LES sens pleins de merueilles & sai-
sis d'allegresse,
J'entrepren de chanter ce beau chan-
tre de Grece,
Qui malgré la rigueur des farouches
Nochers,
Dont les cœurs en la Mer sont autant de rochers,
Passa sur vn Daufin l'Empire de Neptune,
Fait de son auanture estonner la Fortune,
Et reuit ondoyer par vn decret fatal
La fumée à flots noirs sur son vieux toict natal.

L'ARION.

Grand Duc, grand Admiral, ornement de la France,
De qui les hauts exploits surpassent l'esperance
Qu'en tes plus tendres ans tout le monde eut de toy,
Braue MONTMORENCY, de grace escoute moy,
Escoute ces accorts qu'Arion te dedie,
Contemple vn peu son Lut, gouste sa melodie,
Et regissant l'Estat de l'Occean Gaulois
Sous le ioug glorieux de nos augustes lois,
Empesche desormais qu'vn dessein si barbare
Que celuy que i'exprime en ce stile assez rare,
Ne laisse dans l'esprit d'aucun des Matelots
Que ta charge institue au commerce des flots.
 Quand il se vit comblé de richesse & de gloire,
Ce fameux Arion, digne de ta memoire,
Qui par les tons mignards d'vne amoureuse voix
Doucement alliez aux charmes de ses doix,
Ostoit l'ame aux humains pour la donner aux marbres,
Domptoit les animaux, faisoit marcher les arbres,
Arrestoit le Soleil, precipitoit son cours,
Prolongeant à son chois, ou les nuicts, ou les iours;
Resueilloit la clemence, endormoit le tonnerre,
Abassit la fierté du Demon de la guerre,
Et banissoit des cœurs qui s'approchoient de luy,

Mesme au fort des tourmens, la douleur & l'ennuy:
Vn naturel desir de reuoir sa partie,
Où l'on le reueroit auec idolatrie,
Flattant ses sentimens en ce lointain seiour,
Le vint solliciter d'y faire son retour:
D'ailleurs estant mandé du sage Periandre,
De qui le seul vouloir luy faisoit condescendre:
Il s'appreste à partir du riuage Latin,
Pour s'en aller en Grece acheuer son destin,
Vse de diligence à chercher vn Nauire
Qui rende à la contrée où son dessein aspire:
En trouue vn de Corinthe à cela preparé,
Serre son Lut d'yuoire en son estuy doré,
Prend congé, non sans pleurs, bien qu'entremeslez d'aise
De ses plus chers amis, les embrasse, les baise,
S'embarque en leur presence, & par vn long adieu
Tesmoigne du regret d'abandonner ce lieu.
  On leue aussi tost l'Ancre, on laisse choir les voiles
Vn vent frais, & bruyant donne à plein dans ces toiles,
On inuoque Tethis, Neptune & Palemon,
Les Nochers font iouer les ressorts du Timon,
La Nef seillonne l'eau, qui fuyans sa carriere
Court deuãt & tournaye à gros boüillons derriere:
Le Peuple de Tarente espandu sur le Port,

Souhaite que le Ciel luy serue de support;
En fait cent mille veux, & la perdant de veuë,
La contenance morne & l'ame toute esmeuë,
S'en retourne au logis, comblé d'vn dueil amer,
Tournant à chaque pas la teste vers la mer:
Auec qu'elles couleurs, quels traits, & quels ombrages,
Representant au vif les plus mortels outrages,
Muse, despeindras tu l'enorme trahison
De ces maudits Nochers, infectez du poison
D'vne aspre conuoitise en leur sein allumée,
Qui poussant dans leur ame vne espaisse fumée,
La pût rendre si noire, & leur fit machiner
Ce qu'on ne peut sans crime encor imaginer?
Bons Dieux! de quel couroux fut la mienne saisie
Quand on me recita l'horrible frenesie
Qui porta ces voleurs contre ce Chantre saint!
Et de quelle pitié me vy-ie à l'heure attaint?
 Iamais Polymnestor ce lasche Roy de Trace,
Qui de la triste Hecube accomplit la disgrace,
Ne sembla si coupable aux Troyens mal-heureux,
Lors qu'vn iniuste sort, trop acharné sur eux,
O spectacle cruel! leur liura Polidore
Couché mort sur la riue & tout sanglant encore
Des coups que ce Bourreau pour auoir ses thresors;
En meurtrissant sa foy, luy donna dans le corps.
 Desia le prompt effort d'vn gracieux Zephire

Auoit bien loin de terre emporté le Nauire,
Et defia pour obiet qui s'offrit à ses yeux,
Arion n'auoit plus que la Mer & les Cieux,
Quand ces fiers Matelos, ces perfides courages
Qu'vn vil espoir de gain abandonne aux orages
Qui sont le plus souuent bien moins qu'eux inhu-
   mains
Au dessein de sa mort appresterent leurs mains:
Mais luy qui s'apperceut de leur brutale enuie,
Desirant celebrer le terme de sa vie,
Comme le Cygne fait, lors que d'vn cœur constant
Les bornes de la sienne il predit en chantant,
Prend ses plus beaux habits, ses temples enuironne
D'vn Laurier immortel en guise de couronne,
Et se voyant couppé tout chemin de salut,
Pour la derniere fois recourant à son Lut,
Leur dit d'vne parole assez haut prononcée,
Que certains mouuemens induisoit sa pensée
A prier Apollon qu'il les vint proteger,
Preseruant par son sein leur vaisseau de danger
Que pour vn tel suiect il sçauoit vn cantique
Qu'il auoit fait luy-mesme en faueur poëtique;
Et que si de l'entendre ils prenoit le loisir,
Ils en receuroient tous & profit & plaisir.
 Ces Traistres à ces mots reprimans l'insolence
Qui poussé leurs esprits à tant de violence,
Remettent à la nuict l'heure de son trespas

L'ARION.

Pour iouyr de ce bien qu'ils ne meritent pas,
Cachent d'un beau semblant un effroyable crime,
Approuuent son dessein, le disent legitime,
Par de grossiers discours l'inuitent à chanter,
Et s'imposent silence afin de l'escouter.

Alors iettant les yeux sur la face de l'onde,
Où l'on voyoit glisser leur maison vagabonde,
Il reclame en son cœur toutes les Deitez,
Dont ces gouffres marins sont par tout habitez;
Accorde bien son lut, en adiouste les touches,
L'essaye auec sa voix, dont il esmeut les souches:
Puis montant sur la poupe en superbe appareil,
Donne air à ces propos, tourne vers le soleil.

O! le plus beau des Dieux, & le plus adorable,
Toy qui par ta valeur aux mortels fauorable,
Fis que l'affreux serpent expira sous tes coups,
Helas! pren soin de nous.

Phœbus! que les neuf Sœurs reconnoissent pour
    Maistre,
Prince de la lumiere, à qui tout doit son estre;
Grand & nompareil Astre aux flamboyans che-
    ueux?
Sois propice à nos vœux.

Supréme Deité dont les sacrez Oracles,
Dans le Temple de Delphe annoncent des miracles,
Seul arbitre du temps qui sans toy ne peut rien,
Trauaille à nostre bien.

Dissipe la fureur de ces noires tempestes,
Que le malheur prepare à foudroyer nos testes;
Et pour nous retirer de la nuict du tombeau,
Preste-nous ton flambeau.

Nous sommes bien certains qu'Eole te revere,
Si ta faveur l'ordonne, au lieu d'estre severe,
Il monstrera pour nous autant d'affections
Que pour ses Alcions.

Il calmera les flots que son sceptre gouverne,
Enchaisnera Borée au fond de sa caverne,
Et laissera courir Zephire seulement
Sur ce vaste element.

Il n'avoit pas encore acheué son Cantique
Que le soleil se plonge en la mer Atlantique,
Que le Peloponese apparoit à leurs yeux,
Et que l'obscurité leur desrobe les Cieux.

Soudain que ces accors sur les eaux s'esten-
 dirent,
Mille & mille poissons en foule se rendirent
Autour de ce vaisseau, mais sans bruit toutesfois,
Pour gouster de plus pres vne si belle voix:
Là, pour l'entendre mieux l'effroyable Balaine
Aussi bien que les vents retenoit son haleine:
Là, ceux que la Nature a fait naistre ennemis,
Et dont les sentimens furent lors endormis,
Sans qu'aucune dispute y semast des alarmes,
Se laissoient pesle mesle attirer à ces charmes,

L'ARION.

Là, les eaux & les airs demeuroient en repos
De crainte d'interrompre vn si diuin propos,
Là, le Ciel attentif à ces douces merueilles
Eust bien voulu changer tous ses yeux en oreilles,
En fin l'on y voyoit d'vn & d'autre costé,
Reserué les humains, tout plein d'humanité,
Car ces amans de bronze, ô chose bien estrange !
Ces Corsaires cruels que nul obiect ne change,
Aucun traict de douceur ne pouuans conceuoir,
Ny pour tous ces beaux chants tant soit peu s'émou-
    uoir,
Les glaiues nuds au poing, inspirez des furies
Qui portent les humeurs dedans les barbaries,
Courent vers Arion d'vn violent effort,
Pour luy rauir ses biens & luy donner la mort :
Le bon Pilote esmû du mal qu'il en presage,
Ainsi que fit le Ciel, se cacha le visage,
Et destourna la teste afin de ne voir pas,
De ses yeux innocens ce criminel trespas.

  Comme on voit des roseaux la souple obeissance,
Fleschir facilement sous la fiere puissance,
Des Aquilons esmeus, soufflans de toutes pars,
Qui pourroient esbranler les plus fermes remparts;
Tout de mesme on voyoit Arion sur la pouppe,
Ceder à la fureur de ceste auare trouppe,
Et par des actions pleines d'humilité,
Essayer d'attendrir leur dure cruauté;

Mais voyant à la fin qu'il n'estoit pas possible
De toucher, quoy qu'il fist leur courage inflexible,
Et ne sçachant non plus en quel lieu se cacher,
Pour euiter la mort il s'en va la chercher,
Troublé de desespoir se precipite en l'onde,
Où la bonté du Ciel bien plus qu'elle profonde,
Permet qu'vn grand Daufin la reçoiue à l'instan
Et que droit vers la terre il tire en le portant.

Quand ie me represente vne telle auanture,
Quoy que de tous costez il vit sa sepulture,
Ie pense qu'il n'eust pas tant de peur de mourir,
Qu'il eust d'estonnement de se voir secourir.

Les Dieux qui font dans l'eau leur mobile demeure,
L'y regardans tomber & considerans l'heure,
Creurent tous esbahis par vn commun abus
Que Thetis receuoit en son lict deux Phœbus.

Tel qui marche en triomphe apres mainte conqueste
Quelque grand Capitaine vn laurier sur la teste,
Monté haut sur son char, les trompettes deuant,
Accompagné de peuple à longs cris le suiuant;
De toutes qualitez, de tout sexe, & tout âge,
Qui deceant ses pas pour le voir dauantage,
Saute à l'entour de luy d'aise tout transporté,
Admirant sa façon pleine de maiesté,
Tel estoit Arion sur sa viuante barque

Son

Son Lut entre ses bras, triomphant de la Parque,
Laissant derriere soy les vents les plus legers,
Et brauant la fortune au milieu des dangers.

Les Tritons à l'enuy faisant bruire leurs trompes
Comme deuant Neptune en ses diuines pompes,
D'vn rang bien ordonné deuant luy cheminoient,
Et de leurs tons aigus tous les Cieux estonnoient.

La Deesse aux trois noms l'inconstante planette
Sous vn voile d'argent se monstrant claire & nette
Pour le fauoriser fit de la nuict le iour,
Luy descouurant à plein les terres d'alentour.

Tous les autres flambeaux de la voûte celeste
Laissant toute influence importune & funeste,
Plus brillans que iamais sembloient rire à ses yeux,
Et dire qu'il estoit en la grace des Dieux.

Mais entre tous on tient que la Lyre d'Orfée,
De l'amour de son Lut viuement eschauffée,
Ayant de ses rayons tout nuage escarté,
Le resiouyt beaucoup auecques sa clarté.

En vn tel accident qui n'eut iamais d'exemple,
Raui de son bon-heur, en doute il se contemple,
Croit n'estre pas soy-mesme, & qu'il est trop abiect
Pour de tant de faueurs estre le digne obiect.

Tantost il se figure estre en l'erreur d'vn songe,
Où son esprit trompé fantasquement se plonge,
Tantost il prend cela pour quelque enchantement,
Et n'en a pas pourtant moins de contentement.

F

Toutesfois à la fin, il le croit veritable,
Iugeant auec raison que le Ciel équitable
Qui de nostre innocence est le plus seur appuy,
Monstre les doux effects de sa iustice en luy.

Lors pour n'estre accusé d'extréme ingratitude,
Vice qui dans son cœur n'eut iamais d'habitude,
Mille remerciemens il en fait au Destin,
Luy consacrant sa voix, son lut & son butin,
Pour en faire construire vn autel à sa gloire,
Où l'on verroit au long despeinte son histoire,
Et pour le confirmer & de l'ame & du corps,
Sa main au lieu de signe en passe mille accors.

Ses doigts, de plume & d'encre en ce suiet lui ser-
 uent,
Les airs comme tesmoins la promesse en conseruent,
Le Temps les enregistre, & dit qu'à l'aduenir
Il le conseillera de s'en ressouuenir.

Aux tremblemens subtils de sa main delicate,
Sous qui la chanterelle en mille tons s'esclate,
Le Daufin qui sous luy couloit si promptement,
Pour l'ouyr plus long temps, vogant plus lentement
Nage moins dans la mer qu'il ne fait dans la ioye,
Et descouurant la riue où le Destin l'enuoye,
Hesite à l'aborder, tant il sent de douceur
D'estre d'vn tel plaisir encore possesseur.

Mais preferant enfin, sans plus le faire attendre,
Le bien de le sauuer à celuy de l'entendre,

L'ARION.

Il tire droict au port auec legereté,
Et mettant en effect toute dexterité,
Euite sagement les funestes approches
Des bancs & des escueils, des gouffres, & des roches,
Où l'effroy, le peril, le naufrage, & la mort
Brassent à mainte Nef vn deplorable sort.

   Arion tout rauy de gaigner le riuage,
Voüant aux Immortels vn fidelle seruage,
Regarde autour de luy fourmiller les poissons
Qui suiuans iusqu'au bord ses diuines chansons,
S'eslancent haut en l'air d'allegresse infinie,
Et pour prendre congé de sa douce harmonie,
Au plus profond de l'eau tout à coup se noyans,
Agitent sur sa face en cercles ondoyans?
Qui petit à petit de ses yeux disparoissent,
Se perdãs l'vn dans l'autre à mesure qu'ils croissẽt
Celuy qui sur son dos l'a sauué de danger,
D'vn faix si glorieux se voulant doscharger,
Quoy que par ce moyen de bon-heur il se priue,
Plein d'aise & de regret s'approche de la riue,
Le pose doucement au plus commode lieu,
Et faisant vn grand saut luy semble dire adieu.

   Ainsi par vn secours si puissant & si rare
Se voyant mettre à terre au pied du mont-Tenare,
Apres tant de hazards & de mal-heurs souffers
Il trouua son salut aux portes des Enfers.

Inuincible Heros, dont la valeur m'eſtonne,
Reçoy ces nouueaux fruicts que ma Muſe te donne
Eſtime-les vn peu, prens-y quelque plaiſir,
C'eſt le plus beau loyer où butte mon deſir;
Et cependant la Gloire ordonnant à ma plume
De peindre tes vertus en vn parfait volume,
Portera ton renom, celebré dans mes vers,
Plus haut que le flambeau qui dore l'Vniuers.
   En fin toute la France à ton bras obligée,
Au ſortir des trauaux qui l'ont tant affligée,
Fera mille ſouhaits pour ta proſperité,
Et deſirant bien moins que tu n'as merité:
Choſe qu'on voit deſia par vne preſcience,
Attendra comme moy, non ſans impatience,
Que tu ſois quelque iour par la faueur des Cieux,
Ce que furent iadis tes Illuſtres Ayeux.

LES
VISIONS
A
DAMON.

LE cœur plein d'amertume, & l'ame enseuelie
Dans la plus sombre humeur de la melancholie,
DAMON ie te descris mes trauaux intestins,
Où tu verras l'effort des plus cruels Destins,
Qui troublerent iamais vn pauure miserable,
A qui le seul trespas doit estre desirable:
Vn grand chien maigre & noir se traisnant lentement

Accompagné d'horreur & d'espouuentement,
S'en vient toutes les nuicts hurler deuant ma por
Redoublant ces abois d'vne effroyable sorte
Mes voisins esperdus à ce triste resueil,
N'ose ny ne sçauroient r'appeller le sommeil,
Et chacun le prenant pour vn sinistre augure,
Dit auec des souspirs tout ce qu'il s'en figure;
Moi qu'vn sort rigoureux outrage à tout propos,
Et qui ne puis gouster ni plaisir ni repos,
Les cheueux herissez, i'entre en des resueries
De contes de Sorciers, de Sabbats, de Furies,
I'erre dans les Enfers, ie rode dans les Cieux,
L'ame de mon Ayeul se presente à mes yeux,
Ce Fantosme leger coiffé d'vn vieux suaire,
Et tristement vestu d'vn long drap mortuaire,
A pas affreux & lent s'approche de mon lit,
Mon sang en est glacé, mon visage en paslit,
De frayeur mon bonnet sur mes cheueux se dresse,
Ie sens sur l'estomach vn fardeau qui m'oppresse,
Ie voudrois bien crier, mais ie l'essaye en vain,
Il me ferme la bouche auec sa froide main ;
Puis d'vne voix plaintiue en l'air esuanouye,
Murmurant certains mots funestes à l'ouye,
Me predit mes mal-heurs, & long temps sans seil-
    ler
Me contemple debout contre mon oreiller,
Ie voy des feux volans, les oreilles me cornent:

LES VISIONS.

Bref, mes sens tous confus l'vn l'autre se subornent,
En la credulité de mille obiets trompeurs
Formez dans le cerueau d'vn excez de vapeurs
Qui s'estant emparé de nostre fantaisie,
La tourne en moins de rien en pure frenesie,
Souuent tout en sueur ie m'esueille en parlant,
Ie saute hors du lict l'estomach pantelant,
Vay prendre mon fuzil, & d'vne main tremblante
Heurtant contre ce fer la pierre estincelante,
Apres m'estre donné maint coup dessus les dois,
Apres qu'entre les dents i'ay iuré mille fois,
Vne pointe de feu tombe & court dans la meiche,
Rauiuant aussi tost cette matiere seiche :
I'y porte l'allumette, & n'osant respirer
De crainte de l'odeur qui m'en fait retirer,
Au trauers de ce feu puant, bleuastre & sombre,
I'entreuoy cheminer la figure d'vn ombre,
I'entens passer en l'air certains gemissemens,
I'aduise en me tournant vn spectre d'ossemens :
Lors iettant vn grand cry, qui iusqu'au Ciel transperce
Sans poux & sans couleur ie tombe en la renuerse.
Mon hoste & ses valets accourent à ce bruit,
Mais de tout leur trauail ils tirent peu de fruit :
Ils ont beau m'appeller, & d'vn frequent vsage
Me respandre à l'abord de l'eau sur le visage,

M'arracher les sourcils, me pincer par le nez,
Et s'affliger autant comme ils sont estonnez;
Ie ne puis reuenir, non plus que si la Parque
M'auoit desia conduit dans la fatale barque:
Ie suis tellement froid, que mon corps au toucher
Ne se discerne point d'auecques le plancher,
Où gisant de mon long toute force abatuë,
On diroit à me voir que ie suis ma statuë.

Il me souuient encore, & non pas sans terreur,
Bien que ie sois certain que ce fust vne erreur,
Que la premiere nuict, qu'au plus fort des tene=
 bres
S'apparurent à moy ces Visions funebres,
M'estant esuanouy comme ie l'ai descrit
De l'extresme frayeur qui troubla mon esprit,
Et ces gens essayans d'vne inutile peine
A me restituer la chaleur & l'haleine,
Vn d'entr'eux s'aduisant de me donner du vin,
Bachus que i'ai tenu tousiours plus que diuin,
Resueillant tout à coup ma vigueur coustumiere,
Fit resoudre mes yeux à reuoir la lumiere;
Alors comme en sursaut ie me leue tout droit,
Representant au vif vn mort qui reuiendroit:
Puis regardant par tout d'vne veuë esgarée
Ie m'efforce à leur dire en voix mal asseurée:
Fantosmes (car d'effroy ie les prenois pour tels,)
Quel plaisir auez vous à troubler les mortels?

LES VISIONS.

Quel suiet vous ameine à ces heures nocturnes?
Qui vous a fait quitter vos manoirs taciturnes?
Mes Badauts esbahis d'entendre ce propos,
Haut Allemant pour eux, iouant au plus dispos,
En chemise & nuds pieds sans m'vser de langage
Vers le degré prochain troussent viste bagage,
Disent que ie suis fou, qu'il y fait dangereux,
Emporte la chandelle, & barrent l'huys sur eux,
Si qu'à peine mon œil les peut bien reconnestre,
Que comme vn tourbillon il les voy disparestre.
  La Lune dont la face alors resplendissoit,
De ces rayons aigus vne vitre perçoit,
Qui iettoit dans ma chambre en l'espesseur de l'ombre
L'esclat frais & serain d'vne lumiere sombre
Que ie trouuois affreuse, & qui me faisoit voir
Ie ne sçay quels obiets qui sembloient se mouuoir
Cette nouuelle erreur dedans ma teste emprainte
Me rendant à la fin hardy par trop de crainte
Ie mets Flamberge au vent, & plus prompt qu'vn esclair
I'en fait le moulinet, i'en estocade l'air,
Imitant la valeur du braue Dom-quichote,
Quand au fort du sommeil, coiffé de sa marotte,
Pensant prendre au collet vn horrible Geant,
Et dans vn tourne-main le reduire à neant;

Il exploita si bien, comme chante l'histoire,
Que sur les cuirs de vin son glaiue eut la victoire.
 Mais ie m'engage trop dans ce plaisant discours
Muse ie t'en coniure, arrestons-en le cours,
Reprenons tristement nostre stile funeste,
Et si cela se peut disons ce qui nous reste:
Voila donc cher Damon, comme passe les nuis
Ton pauure Clidamnant, comblé de mille ennuis:
Et toutesfois helas! ce ne seroit que roses,
Si les iours ne m'offroient de plus horribles cho-
 ses,
Cet Astre qu'on reclame auec tant de desirs,
Et de qui la venuë annonce les plaisirs:
Ce grand flanbeau du Ciel ne sort pas tant de l'onde
Pour redonner la grace & les couleurs au monde
Auec ses rayons d'or si beaux & si luisans,
Que pour me faire voir des obiets desplaisans:
Sa lumiere inutile à mon ame affligée
La laisse dans l'horreur où la nuit l'a plongée:
La crainte, le soucy, la tristesse & la mort,
En quelque lieu que i'aille, accompagnent mon
 sort,
Ces grands Iardins royaux, ces belles Tuilleries,
Au lieu de diuertir mes sombres resueries,
Ne font que les accroistre & fournir d'aliment
A l'extréme fureur de mon cruel tourment.

LES VISIONS.

Au plus beau de l'Esté ie n'y sens que froidure,
Ie n'y voy que Ciprés, encore sans verdure,
Qu'Arbres infortunez tous degouttans de pleurs
Que vieux houx tous flestris, & qu'espines sans fleurs.
L'echo n'y respond plus qu'aux longs cris de l'Orfraye
Dont le Mur qui gemit en soy-mesme s'effraye;
Le Lierre tortu qui le tient enlacé,
En fremissant d'horreur en est tout herissé:
Semblable en sa posture à ces enfans timides,
Qui le corps tout tremblant, & les yeux tous humides,
Embrassent leur Nourrice, alors que quelque bruit
Les va dedans leurs couches espouuanter la nuict:
Si i'y rencontre vn Cerf, ma triste fantaisie
De la mort d'acteon est tout soudain saisie;
Les Cygnes qu'on y voit dans vn paisible Estang,
Me semble des Corbeaux qui nagent dans du sang
Les plaisans promenoirs de ces longues Allées,
Où tant d'afflictions ont esté consolées
Sont autant de chemins à ma tristesse offers,
Pour sortir de la vie & descendre aux enfers.
Le Louure dont l'eclat se fait si bien paresstre,
N'est qu'à mes yeux troublez qu'vn chasteau de Bicestre,

LES VISIONS.

Le fleuue qui le borde est à moy l'Acheron;
I'y prend chaque basteau pour celuy de Caron,
Et me croyant parfois n'estre plus rien qu'vn ombre.
Qui des Esprits sans corps ait augmenté le nombre,
D'vne voix langoureuse appellant ce Nocher,
Ie pense à tous momens qu'il me vienne chercher

 Si ie prens quelque liure en mon inquietude,
Et tasche à dissiper cette morne habitude,
Marot en ses rondeaux, epistres, virelais,
Le mocqueur Lucian, & le fou Rabelais
Se metamorphosans par certains tours magiques,
Ne sont remplis pour moy que d'histoires tragiques;
Ouide, en l'Art d'aimer m'espouuante à l'abort,
Amour auec son dard y passe pour la Mort:
Auec son dos aislé pour vn oyseau funeste,
Auec son mal fiéureux pour vne horrible Peste
Et pour vne furie auecques son flambeau,
Qui ne sert qu'à guider les hommes au tombeau.

 Si pour me retirer de ces creuses pensées,
Autour de mon cerueau pesamment amassées,
Ie m'exerce parfois à trouuer sur mon Lut
Quelque chant qui m'apporte vn espoir de salut,
Mes doigts suiuans l'humeur de mon triste Genie,

Font languir les accens, & plaindre l'harmonie,
Mille tons delicats, lamentables & clairs,
S'en vont à longs souspirs se perdre dans les airs,
Et tremblans au sortir de la corde animée
Qui s'est dessous ma main au dueil accoustumée:
Il semble qu'à leur mort, d'vne voix de douleur,
Ils chantent en pleurant ma vie & mon malheur.
　Si ie vay par la ville aux plus beaux iours de feste,
Le Sort dont la rigueur pend tousiours sur ma teste,
Donnant mesme aux plaisirs de noirs euenemens
Ne me fait rencontrer par tout qu'enterremens,
Que pasles criminels que l'on traine au supplice,
Et lors m'imaginant quelque enorme iniustice,
Ie m'escrie à l'abord, les sens de peur transis,
Dieux! ne seroit-ce point là mon pauure amy Tirsis?
Non, non, ce n'est pas luy, ma veuë est insensee,
Vostre gloire en sa mort seroit interessee,
Et l'equité celeste aime trop l'innocent,
Pour le payer si mal des peines qu'il ressent,
Puis quand il me souuient de l'horrible auanture
Qui mit tout mon bon-heur dedans la sepulture
En y mettant Lysis, & qu'il m'est defendu
De chercher seulement le bien que i'ay perdu,
Ie m'abandonne aux pleurs, ie trouble tout de plaintes?

Vn mortel deseſpoir me donne mille atteintes,
Et parmy les tourmens qui m'oſtent le repos,
Songeant à ſes eſcrits, ie dis à tous propos,
O belle Polixene! Amante infortunée!
Tu dois bien regretter ſa courte Deſtinée,
Puis qu'vne telle fin t'interdit d'eſperer
Celle des longs trauaux qui te font ſouſpirer;
O precieux Enfant d'vne ſi rare plume!
Beau Liure! grand threſor! mais trop petit volume,
Ouurage que la mort empeſcha de finir!
Ie croy que t'ayant veu tout bon ſens doit tenir
Que la plus belle choſe en quoy que l'on ſouhaitte
Se pourra deſormais appeller imparfaite,
Si pluſtoſt on ne dit que pour eſtre diuin
O liure nompareil! tu n'as point eu de fin.
Et ie n'en mettray point à l'ennuy qui me ronge,
Car ſoit que ton Autheur me vienne voir en
 ſonge,
Ou que ie penſe à luy comme ie fay touſiours,
Mes larmes, & mes cris auront vn meſme cours,
Ma pitié luy veut rendre à iamais cét hommage;
En tous lieux où i'iray ſa vaine & paſle image
Viſible à moy tout ſeul, & regretable à tous,
Me contera ſa mort, me monſtrera ſes coups?
Et m'inſpirant au cœur ce que pour allegeance
Lui pourra ſuggerer vne horrible vengeance,
Contre cet aſſaſſin rempli de trahiſon,

Qui termina ses iours en leur verte saison,
Me mettra dans les mains les plus pesantes chaisnes,
Les feux les plus ardens & les plus longues gesnes,
Pour en punir ce monstre, & faire vn chastiment
Que l'on puisse esgaler à mon ressentiment.

LA PLVYE
A
MONSIEVR
DES LANDES
PAYEN CONSEILLER
EN LA COVR DE
Parlement de Paris.

N *fin la haute prouidence*
Qui gouuerne à son gré le temps,
Trauaillant à nostre abondance,
Rendra les Laboureurs contens:
Sus, que tout le monde s'enfuye,
Ie voy de loin venir la pluye,
Le Ciel est noir de bout en bout:
Et ses influences benignes
Vont tant verser d'eau sur les Vignes,
Que nous n'en boirons point du tout.

L'ardeur

LA PLVYE.

L'ardeur grilloit toutes les herbes,
Et telles voyoit confumer
Qui n'eust pas creu tirer des gerbes
Affez de grain pour en femer :
Bref, la terre en cette contree,
D'vne beante foif outree,
N'auoit fouffert rien de pareil,
Depuis qu'vne audace trop vaine
Porta le beau fils de Climene,
Sur le brillant char du foleil.

Mais les Dieux mettant bas les armes
Que leur font prendre nos pechez,
Veulent tefmoigner par des larmes,
Que les nostres les ont touchez :
Defia l'humide Iris eftale
Son beau demy cercle d'opale
Dedans le vague champ de l'air :
Et preffant mainte espaisse nuë,
Fait obfcurcir à fa venuë,
Le temps qui fe monftroit fi clair.

Ces pauures fources efpuifees
Qui ne couloient plus qu'en langueur,
En treffaillent comme fufees,
D'vne incomparable vigueur
Ie penfe à les voir fi hautaines,

G

Que les eaux de mille fontaines,
Ont ramaßé dedans ces lieux,
Ce qui leur restoit de puißance
Pour aller par recognoißance,
Au deuant de celles des Cieux.

Payen, sauuons-nous dans ta Salle,
Voila le nuage creué;
O comme à grands flots il deuale,
Desia tout en est abbreuué:
Mon Dieu! quel plaisir incroyable!
Que l'eau fait vn bruit agreable,
Tombant sur ces fueillages verds!
Et que ie charmerois l'oreille,
Si cette douceur nompareille,
Se pouuoit trouuer en mes Vers.

Cà, que l'on m'apporte vne coupe,
Du vin frais, il en est saison;
Puis que Ceres boit à la troupe
Il faut bien luy faire raison:
Mais non pas auec ce breuuage,
De qui le goust fade & sauuage
Ne sçaurois plaire qu'aux sablons:
Où qu'à quelque ieune pucelle,
Qui ne bust que de l'eau comme elle,
Afin d'auoir les cheueux blons.

LA PLVYE.

Regarde à l'abry de ces saules
Vn Pelerin qui se tapit ;
Le degout perce ses espaules,
Mais il n'en a point de dépit :
Contemple vn peu dans cette allee,
Thibaut à la mine allée,
Marcher froidement par compas ;
Le bon homme sent telle ioye,
Qu'encore que cette eau le noye,
Si ne s'en ostera-t'il pas.

Voy delà dans cette campagne
Ces Vignerons tous transportez,
Sauter comme genets d'Espagne,
Se demenants de tous costez :
Entens d'icy tes Domestiques,
Entre-couper leurs chants rustiques,
D'vn frequent battement de mains,
Tous les cœurs s'en espanoüissent,
Et les bestes s'en resioüissent,
Aussi bien comme les humains.

LA NVICT

AISIBLE & solitaire Nuit,
Sans Lune & sans Estoilles
Renferme le iour qui me nuit
Dans tes plus sombres voilles,
Haste tes pas, Deesse exauce moy?
I'ayme vne Brune comme toy.

I'ayme vne Brune, dont les yeux,
Font dire à tout le monde
Que quand Phœbus quitte les Cieux
Pour se cacher sous l'onde,
C'est de regret de se voir surmonté
Du vif esclat de leur beauté.

Mon lut, mon humeur & mes vers,
Ont enchanté son Ame,
Tous ses sentimens sont ouuers,
A l'amoureuse flame:
Elle m'adore, & dit que ses desirs
Ne viuent que pour mes plaisirs.

LA NVICT.

Quel iugement y doy-ie asseoir,
Veut-elle me complaire?
Mon cœur s'en promet à ce soir
Vne preuue plus claire:
Vien donc, ô Nuit! que ton obscurité
M'en découure la verité.

Sommeil, respans à pleines mains
Tes pauots sur la terre,
Assouppy les yeux des humains
D'vn gracieux caterre,
Laissant veiller en tout cét Element
Ma Maistresse, & moy seulement.

Ainsi iamais de ta grandeur
Rien n'abaisse la gloire,
Ainsi iamais bruit ny splendeur
N'entre en ta grotte noire,
Comme autrefois quand à chaque propos
Iris troubloit ton doux repos.

Hà! voila le iour acheué,
Il faut que ie m'appreste;
L'Astre de Venus est leué
Propice à ma requeste;
Si bien qu'il semble en se monstrant si beau,
Me vouloir seruir de flambeau.

G 3

L'Artisan las de trauailler,
Delaisse son ouurage;
Sa femme qui le voit baailler
Et rit en son courage,
Et l'œilladant s'appreste à receuoir
Les fruicts du nuptial deuoir.

Les Chats presque enragez d'amour,
Grondent dans les goutieres;
Les Lou-garoux fuyans le iour
Hurlent aux Cimetieres:
Et les Enfans transis d'estre tous seuls
Couurent leurs testes de linceuls.

Le Clocheteur des trespassez
Sonnant de ruë en ruë,
De frayeur rend leurs cœurs glacez
Bien que leurs corps en suë;
Et mille Chiens oyans sa triste voix,
Luy respondent à longs abois.

Ces tons ensemble confondus,
Font des accords funebres,
Dont des accens sont espandus
En l'horreur des tenebres,
Que le Silence abandonne à ce bruit,
Qui l'espouuante, & destruit.

LA NVICT.

Lugubre courrier du Destin,
Effroy des ames lasches,
Qui souuent soir & matin,
M'esueilles & me fasches,
Va faire ailleurs, engeance de Demon,
Ton vain & tragique sermon.

Tu ne me sçaurois empescher
D'aller voir ma Syluie,
D'eussay-ie pour vn bien si cher
Perdre auiourd'huy la vie;
L'heure me presse, il est temps de partir,
Et rien ne m'en peut diuertir.

Tous ces vents qui souffloient si fort
Retiennent leurs haleines;
Il ne pleut plus, la foudre dort,
On n'oit que les fontaines:
Et le doux son de quelques luts charmants
Qui parlent au lieu des Amans.

Ie ne puis estre descouuert;
La Nuict m'est trop fidelle;
Entrons, ie sens l'huis entr'ouuert,
I'apperçoy la chandelle;
Dieux! qu'est-ce cy? ie tremble à chaque pas,
Comme si i'allois au trespas.

G 4

O toy! dont l'œil est mon vainqueur
Siluie, hé! que t'en semble?
Vn homme qui n'a point de cœur
Ne faut-il pas qu'il tremble?
Ie n'en ay point, tu possedes le mien,
Me veux-tu pas donner le tien!

ELEGIE
POVR DAMON
A
PHYLIS.

PHYLIS, dont les beaux yeux auec
des traits de flame,
Ont penetré les miens, & passé dans
mon ame,
Par quels tristes accens me dois-ie lamenter,
De voir sans reconfort mes ennuis s'augmenter?
Depuis le iour fatal qu'en l'amoureuse chaisne
Le Ciel me fait souffrir vne eternelle gesne,
Depuis que vos beautez me donnerent la loy,
Treuuant tous les Amans bien mieux traitez que
moy
Ie leur dy librement qu'ils ont tort de se plaindre,
Pour grands que soient les maux qui les puissent
atteindre,

ELEGIE.

Et iusqu'au fond du cœur leur decouurãt mes coups
Ils tiennent que leur sort est de beaucoup plus dous,
Mais y voyans au vif engrauée vne image,
De qui le beau subiet me cause ce dommage:
Les mieux sensez d'entr'eux se disent à l'instant
Plus mal-heureux que moy de ne l'estre pas tant.

Aussi, belle Phylis, si mon Ame souspire,
Ce n'est pas de souffrir sous vn si doux Empire:
Si mes cris redoublez éclattent iusqu'aux Cieux,
Ce n'est pas de brusler au feu de vos beaux yeux:
Au contraire, ô Phylis, la raison m'y conuie,
Ie m'en tiens trop heureux, & ne conte ma vie
Que depuis ce moment qu'vn long & doux trespa
Me fut predestiné par vos diuins appas.

La douleur qui me pousse à former cette plainte
Qui comme mon Amour est exempte de feinte
Me vient d'auoir perdu le bon heur de vous voir,
Lors que mon bon Destin m'en donnoit le pouuoir,
O cruelle auanture! ô perte irreparable!
O regret eternel! ô Damon miserable!
Failloit-il que le Sort te vint offrir ce bien,
Auec intention de ne t'en donner rien?
O rare & seul Obiet d'où ma peine procede,
Las! regardez vn peu comme tout me succede,
I'eusse esté rechercher cét honneur nompareil
Par vn chemin plus long que celuy du Soleil:
I'eusse entrepris cent fois d'vn courage inuincible,

ELEGIE.

Defaire ce qu'vn Dieu trouueroit impossible,
Pour vous voir à mon aise vne fois seulement,
Et puis estre à iamais dedans l'aueuglement;
Et cependant mon honneur & vostre destinée
Iusques dans ma maison vous auoient amenée:
Mais le Ciel enuieux du bien que i'en eusse eu,
Voulut que le proiet s'en fist à mon desceu.

Helas! si vous sçauiez, ô l'Astre des plus Belles,
Auec quel sentiment i'entendis ces nouuelles,
Il ne me faudroit plus d'autre preuue d'amour
Pour vous rendre mes feux aussi clairs que le iour;
Ie m'en courus soudain dans ces lieux solitaires,
Baiser de vos beaux pas les sacrez carracteres,
Et murmurant dessus mille mots incensez,
De regret & de ioye esgalement poussez:
I'y fus vn long espace attaché par la veuë,
Le corps sans mouuement & l'ame toute esmeuë,
Tant qu'à la fin ma voix auec mille souspirs,
Donna ces Vers en garde aux amoureux Zephirs.

O Terre! à qui le Ciel, plus qu'à moy fauorable,
A permis de iouïr d'vn bien si desirable
Que de toucher ma Reine, & la voir de si pres,
Mesme iusques aux lieux tenus les plus secrets;
De peur qu'à l'aduenir quelque pied sacrilege,
Entrant dedans ce Parc, sans aucun priuilege,
Ne te vienne fouler, ie te feray couurir,
Où i'y seray tousiours quand il faudra l'ouurir;

ELEGIE.

Et quand l'Esté bruslant alterera ta face,
Et quand l'Hyuer transi te chargera de glace
Mes yeux auec des pleurs esteindront ton ardeur,
Mes souspirs enflammez chasseront ta froideur;
Mais ie ne pense pas que rien te puisse nuire,
Apres que mon Soleil a sur toy daigné luire:
Soleil, dont les rayons te visitant encor
Mieux que ceux de Phœbus te changeroit en or.

O Terre bien-heureuse! encor que la Nature
Iadis de l'Vniuers ordonnant la structure,
Par vn decret occulte aux humains iugemens,
T'ait mise le plus bas de tous les Elemens,
Ie veux, & ie le puis, que ma plume hardie,
Quoy que la medisance, ou la sottise en die,
Porte si haut ta gloire en presence de tous,
Que le trosne des Dieux vn iour soit au dessous.

La renommée enfin quand ie t'auray dépainte
Parlera plus de toy que de la terre saincte;
Cybele à ton suiet aura tous les Autels
Que l'on a consacré aux autres Immortels:
On passera les Mers sans craindre aucun obstacle,
Pour iouyr de ta veuë ainsi que d'vn miracle,
Et quand au bout du temps ce Monde bruslera,
Si le Destin m'en croit, il te preseruera.

Ie te prie, ô beau lieu, qu'aussi tost que la Parque
Contraindra mon esprit d'entrer dedans sa barque
En registrant mon nom dans le liure des morts,

ELEGIE.

Il te plaise fournir de sepulchre à ce corps.
 A peine auoy-ie dit ce que ma main exprime,
Que sur ces pas cheris mes léures ie r'imprimé,
Et m'arrachant moi-mesme à regret de ce lieu,
Mes souspirs seulement pûrent leur dire adieu.
 Phylis voyez par là combien ie vous honore,
Et pour en parler mieux, combien ie vous adore,
Puis que ce que vos pieds n'ont touché qu'en pas-
 sant,
Tire de mon amour vn effect si puissant :
Mais, ô rare Beauté ! i'oubliois à vous dire,
Que là tous les obiects pour croistre mon martyre,
De vostre bel aspect tous gais, tous embellis,
Sembloient dire à mes yeux nous auons veu Phylis.
 De grace octroyez-moy que ce bon-heur m'ar-
 riue,
Où ie verray bien-tost la sombre & pasle riue :
Car vn Demon me dit, me suiuant pas à pas,
Que ce retardement hastera mon trespas.

PLAINTE SVR LA MORT DE SYLVIE

Ruisseau qui cours apres toy-mesme,
Et qui te fuis toy-mesme aussi,
Arreste vn peu ton Onde icy,
Pour escouter mon dueil extresme;
Puis quand tu l'auras sceu, va-t'en dire à la Mer,
Qu'elle n'a rien de plus amer.

Raconte-luy comme Siluie,
Qui seule gouuernoit mon Sort,
A receu le coup de la mort
Au plus bel aage de la vie:
Et que cét accident triomphe en mesme iour
De toutes les forces d'Amour.

PLAINTE.

Las! ie n'en puis dire autre chose,
Mes souspirs trenchent mon discours;
Adieu Ruisseau, repren ton cours,
Qui non plus que moy ne repose;
Que si par mes regrets i'ay bien peu t'arrester,
Voila des pleurs pour te haster.

ELEGIE
A
DAMON.

DAMON, ie languiſſois dans vn ſombre ſilence,
Suiuant de mon humeur la froide nonchalance,
Quand cét œil gracieux, dont tu te ſens eſpris,
En te bruſlant le cœur eſclaira mes eſprits:
Lors mille hauts ſuiets reſueillerent ma veine,
Et publiant ſa gloire en depeignant ta peine,
Ie mis la Muſe en œuure, & taſchay par mes vers,
De le faire briller au bout de l'Vniuers.
Les voyans ſi hardis à chanter la loüange
O vous qui les orrez, ne trouuez point eſtrange
Qu'il leur ait inſpiré d'vn eſclat nompareil,
La fureur d'Apollon, puis que c'eſt vn Soleil.
Depuis entretenant ce beau feu qu'il allume,
Il a toûſiours receu quelque fruict de ma plume:

I'ay

ELEGIE.

I'ay fait dire à mon Lut qu'Orante seulement
Esleue tous les cœurs dans le rauissement;
Et lors sans verité, qu'il chante ses merueilles,
Il ne transporte pas possible moins d'oreilles;
Mais elle en est la cause, on l'en doit admirer,
Et luy donner l'honneur que i'en pourrois tirer.

Pour moy, comme ie puis, par tout ie m'en acquitte
Sçachant que la raison, qui connoist son merite,
Requiert que le deuoir ne se puisse assouuir
En moy de la loüer, en toy de la seruir.

Sers là donc, cher Damon, mets y toute industrie,
Pousse tes sentiments iusqu'à l'idolatrie,
Les Dieux t'excuseront pour vn subiet si beau,
En tout cas ne crains point la rigueur du tombeau,
Quand quelque deïté s'en tiendroit offensée,
Tu garderas tousiours cecy dans ta pensée,
Que depuis qu'vn mortel vne fois a gousté
De ce manger diuin en l'Olympe appresté,
De ce mets precieux qu'on appelle Ambrosie,
On peut asseurément croire sans frenesie
Qu'il est exempt d'aller en ses tristes manoirs,
Où Charon a passé tant de fantosmes noirs:
Hé! n'en goustas-tu pas quand tu baisas Orante?
Quand ie te vy pâmé sur sa bouche odorante,
Et que ses doux regards te firent reuenir?
O combien viuement tu t'en dois souuenir!

Et puis quand tu mourrois pour l'auoir adorée
De quel plus beau trespas pourroit estre honorée,

H

ELEGIE.

Vne vie où l'amour fait voir sa passion,
Iusques au plus haut point de la perfection?
Mais, ô le vain discours où s'engage ma Muse!
Que ie suis aueuglé! que ma raison s'abuse?
Puis qu'on la tient Deesse entre les immortels,
On peut bien sans peché luy dresser des Autels.

Sers là donc, cher Damon, reuere son Empire;
Iamais à d'autre but ta volonté n'aspire;
Iamais autre beauté ne se loge en ton cœur,
Et iamais autre object n'en puisse estre vainqueur:
Fay la tirer au vif comme elle est dans ton ame,
Et puis pour signaler ton courage & ta flame,
Arme toy fierement d'vn superbe harnois,
Et va chercher par tout les plus fameux tournois,
Deffiant au combat d'vne ardente menace,
Quiconque osera dire, enflé de vaine audace,
Que la beauté qu'il sert s'esgale au moindre trait,
Que l'Art fera briller en ce rare portrait.

Et quand mesme ce Dieu qui preside à la guerre
S'esleuant contre toy voudroit descendre en terre,
Que ton bras le contraigne à dire que Cypris
N'eut iamais tant d'appas que celle qui t'a pris.

Mais à quoy ces conseils te sont-ils necessaires?
Tu ne peux en cela rencontrer d'aduersaires,
Puis que tous les Amans disent de leur bon gré,
Qu'elle tient des Beautez le supréme degré:
Elle le tient vrayement, & iamais la Nature
N'employa tant de soins à l'humaine structure;

ELEGIE.

Les Eslemens grossiers concernant leurs accords,
N'ont rien contribué pour faire vn si beau corps:
Elle est comme le Ciel, d'où sa forme est venuë,
D'vne matiere pure à nos sens inconnuë,
Encor le surpassant, elle a double soleil.
Comme elle a double Aurore en son beau teint vermeil
On la doit croire Lune en sa blancheur extresme,
Puis que sa chasteté la rend Diane mesme:
En fin rien icy bas ne la peut esgaler,
Et la voix d'vn Mortel ne sçait comme en parler.

La Rose deuient pasle approchant de sa iouë,
Si bien que l'on diroit qu'en soy mesme elle aduouë
Qu'elle a commis vn crime en la temerité
De s'estre comparee auec cette Beauté.
Le Lys tremble & rougit dés que sa main le touche
Et par cette action qui luy tient lieu de bouche,
Plein de crainte & de honte il semble declarer
Qu'il est vaincu par elle, & qu'il faut l'adorer:
Alors il s'humilie en abaissant la teste,
Tout ainsi qu'il demeure apres quelque tempeste,
Et luy sacrifiant sa plus viue frescheur,
Il rend tout aussi tost hommage à sa blancheur:
Ma Muse, de bon sens n'est pas si despourueuë
Qu'elle s'aille ingerer de despeindre sa veuë,
C'est assez qu'elle ait dit que surpassant les Cieux,
Elle peut faire voir deux Soleils en ses yeux:
Eh! quel Aigle hauteine exerçant ses prunelles,

H 2

Auroit bien ramassé tant de vigueur en elles,
Qu'il pûst considerer d'vn effort inouy
Deux soleils à la fois sans en estre esblouy?
　Ie despeindroy son front si le ialoux Zephire
Redoutant que l'Amour ne me le fist descrire,
Et qu'vn autre que luy ne luy portast ses vœux
Ne me le cachoit point auec ses blonds cheueux;
Que ne dirois-ie pas de sa voix Angelique,
Qui chasse des esprits l'humeur melancolique?
Quelle stupidité ne s'en esueilleroit?
Quelle estrange fureur ne s'en assoupiroit?
Auec quels doux propos, & quels amoureux gestes,
Vante-t'on son beau sein, ces deux mondes celestes,
Que l'on est estonné lors qu'on pense à ce point,
Qu'en se voyans si beaux ils ne se baisent point!
　O DAMON! ô DAMON! que l'on te porte enuie,
Quand on te voit mener vne si douce vie,
Que de souffrir ainsi le martire d'Amour,
Pour le plus bel obiect qui iamais vit le iour!
Mais n'ẽ sois point en peine, aucun ne t'y peut nuire
C'est sur toy seulement que ses yeux daignent luire:
Car ton heureux Destin trauaillant à ton bien,
A tant fait que d'abord il a gagné le sien.
　En fin quand ses faueurs & ta perseuerance,
Par la possession t'osteront l'esperance,
Ie croy que tu diras qu'apres vn tel plaisir
Tu ne sçaurois trouuer de quoy faire vn desir.

LE BEL OEIL
MALADE.

QVAND ie voy ce bel Oeil tout en feu comme il est,
Où parmy les douleurs le Roy des cœurs se plaist
De faire sa demeure:
Ie croy que l'Vniuers est à son dernier iour,
Que le Ciel se consume, & qu'il faut que ie meure,
Puis que ie voy perir l'obiet de mon amour.

En vn tel accident ie ne m'estonne pas,
De voir dans ce bel Oeil ce Demon plein d'appas,
Rire encor en mon ame:
Car considerant bien sa nature & son ieu,
Ce n'est pas vn prodige en luy qui n'est que flame,
Qu'il puisse ainsi durer au milieu de ce feu.

I'auroy peur toutesfois qu'en ce suiet de dueil,
Mon portrait en petit tiré dans ce bel Oeil
Ne fust reduit en cendre,

Mais sa vertu secrette enseigne à mon penser
Qu'estant vn diamant, tout Esprit doit apprendre
Que iamais aucun feu ne le peut offencer.

Si par vne merueille aimable en ce malheur,
Ce bel Oeil retenoit ceste ardente couleur
Pour me seruir de Phare :
Il passeroit aux yeux des plus sages Amans
Pour vn de ces Rubis, dont l'esclat est si rare
Qu'il en est plus prisé que tous les Diamans.

Son cher frere affligé de ce que son pareil
Luy va donner moyen d'estre appellé Soleil
En le laissant vnique :
Bien plus de passion dedans luy nous fait voir
A fuir cét honneur, qu'il iuge tyrannique,
Que iadis Phaëton n'en monstra pour l'auoir.

Il pleure, & nul obiet ne l'en peut diuertir,
Comme si par ses eaux il pensoit amortir
Les flames trop voisines ;
On diroit à le voir respandre ainsi des pleurs
D'vn vase de Christal tout plein de perles fines,
Que l'on renuerseroit sur quelque champ de fleurs.

LA IOUYSSANCE

Oin de ce pompeux Edifice
Où nos Princes font leur seiour,
Et lassé de voir à la Cour
Tant de contrainte & d'artifice,
I'estois libre dans ma Maison,
Bien que mon cœur fust en prison
Dans les beaux yeux de ma Syluie:
Et sans craindre en l'amour l'inconstance du sort,
Ie menois la plus douce vie
Qu'on puisse voir passer par les mains de la Mort.

Mes sens en bonne intelligence
S'entendoient auec mes desirs,
Me recherchans mille plaisirs
D'vne soigneuse diligence:
Chacun admiroit mon bon heur;

H. 4.

Le Ciel pour me combler d'honneur,
Ne iuroit que par mon merite,
Et disoit au suiet de mes affections,
Que la terre est trop petite
Pour pouuoir trouuer tant de perfections.

 Mon bien estoit incomparable
Ainsi que ma Dame & ma foy;
Le plus content au prix de moy,
Ne s'estimoit que miserable
I'estois Amant, i'estois aimé,
La douceur qui m'auoit charmé
Ne me gardoit point d'amertume;
Car tant plus i'y goustois m'y laissant emporter,
Et tant plus contre ma coustume,
S'augmentoit en mon cœur le desir d'en gouster.

 Sous vn climat ou la Nature
Monstre à nud toutes ses beautez,
Et nourrit les yeux enchantez
Des plus doux traits de la peinture:
Nous voyons briller sur les fleurs,
Plustost des perles que des pleurs
Qui tomboient des yeux de l'Aurore,
Dont celle à qui Zephire adresse tous ses veux,
Et que le beau Printemps adore,
Se paroit au matin la gorge & les cheueueux.

LA IOVYSSANCE

Entre les Ris & les Caresses,
Les petits Amours esueillez
Dançoient par les champs esmaillez
Auec les Graces leurs Maistresses:
Et souuent pour s'entrebaiser
Ils se venoient tous reposer
Au milieu du sein de ma belle,
Faisans naistre aussi tost mille diuins appas,
De qui la puissance estoit telle,
Qu'ils donnoient tout d'vn coup la vie & le trespas.

Tantost nous voyons vn Satyre
Asis à l'ombre d'vn Ormeau,
Faire pleindre son chalumeau
De son agreable martyre:
Tantost dans vn bois escarté,
Où n'entre qu'vn peu de clarté,
Nous visitions la Solitude;
Et trouuant le Repos qui luy faisoit la cour,
Nous chassions toute inquietude,
De peur de les troubler en leur paisible amour.

Là sous vn Mirthe que les Fées
Respectent comme vn Arbre sainct
Où Venus elle mesme a peint
Ses mysteres & ces trofées:
Nous faisons des vœux solemnels

LA IOVYSSANCE.

Que nos feux seroient eternels
Sans iamais amoindrir leur force;
Puis prestans le serment au Dieu nostre vainqueur
Nous l'escriuions sur vne escorce,
Mais il estoit graué bien mieux dans nostre cœur.

Tantost feignant vn peu de crainte,
Ie disois à cette Beauté
Pour sonder sa fidelité,
Que son humeur estoit contrainte;
Tantost d'vn visage mourant,
Ie luy tenois en souspirant,
Ces propos de glace & de flame
Oserois ie esperer, ô Miracle des Cieux,
D'estre aussi bien dedans ton ame,
Comme en te regardant ie me voy dans tes yeux?

Lors elle disoit toute esmeuë
En m'accusant de peu de foy
Lysis ton image est en moy
Bien plus auant que dans la veuë:
Ie t'en prends toy-mesme à tesmoin
Reconnoy qu'elle est bien plus loin,
Puis qu'elle y paroist si petite;
Et croy que tu la voids par vn regard fatal,
Dans mon cœur où l'amour habite,
Comme on voit vn portrait au trauers d'vn cristal.

LA IOVYSSANCE.

A ce discours l'ame rauie
De ne sçauoir que repartir
Ie la priois de consentir
Aux veux de l'Amoureuse enuie:
Et pour terminer tout debat,
Ie l'inuitois au doux esbat,
Où iamais femme ne se lasse:
L'estreignant en l'ardeur qui m'auoit prouoqué,
Mieux que le Houblon n'embrasse
L'Aubespine qui l'aime, & dont il est piqué.

Là sur sa bouche à demy close,
Ie beuuois, baisant nuit & iour,
A la santé de nostre amour
Dedans vne couppe de rose:
Ma bergere en toute saison,
Ardente à me faire raison,
S'enyuroit de la mesme sorte:
Et dans ce doux excez nos sens quasi perclus,
Sous vne contenance morte,
Confessoient par nos yeux que nous n'en pouuions
plus.

Nos desirs reprenant courage
Quand nos efforts s'allentissoient,
En toutes façons exerçoient
Les traits de l'amoureuse rage:
Cette bouillante passion

LA IOVYSSANCE.

Portoit auec tant d'action
Tous nos mouuemens à la guerre,
Qu'à nous voir en ce point dans les lieux de Cypris
On eust dit que toute la terre
Estoit d'vn tel combat le suiect & le pris.

Cependant en cette querelle
Suffisoit à nous contenter,
Le lien qu'elle daignoit prester
A nos corps estendus sur elle;
Nous l'estimions plus mille fois
Que tous les pays de nos Roys
Ont eu sous leur obeyssance,
Ny mesme que ces lieux pour qui ce grand Demon,
Qui detient l'or en sa puissance,
Fait trouuer aux Nochers l'vsage du timon.

Dieux! qu'elle plume assez lasciue
Fust-ce de l'aisle d'vn Moineau,
D'vn combat si doux & si beau,
Descriroit l'ardeur exceciue,
Iamais alors qu'à membres nus
Adonis embrassoit Venus,
Tant de bons tours ne s'inuenterent:
Ny iamais l'Amour mesme & sa belle Psiché,
Tant de delices ne gousterent,
Que nos sens en goustoient en ce plaisant peché.

LA IOVYSSANCE

La langue estant de la partie,
Si tost qu'vn brasier l'assiegeoit,
Aux bords des léures se rengeoit
Afin de faire vne sortie:
L'ennemy receuant ses coups,
Souffroit vn martire si dous,
Qu'il en benissoit les atteintes;
Et mille longs souspirs seruans en mesme temps,
De chants de victoire & de plaintes,
Monstroiët que les vaincus estoient les plus côtens.

Vn iour pres d'vne viue source,
D'argent liquide & transparant,
Qui prend la suitte en s'esgarant,
Vers la Mer où finit sa course:
Mon Lut parlant à basse vois,
S'entretenoit auec mes dois
De mes secrettes fantaisies;
Et par fois s'esclattant en la vigueur des sons,
Les Roches se sentoient saisies
Du mignard tremblement de mille doux frissons.

Des Oyseaux tirez par l'oreille,
Allongeant le col pour m'ouyr,
Se laissoient presque esuanouyr
Tous comblez d'aise & de merueille
Les Animaux autour de nous

LA IOVYSSANCE.

Nous contemploient à deux genoux
Plongez dans vn profond silence;
Quand d'vn vieux chesne émeu de ce contentemēt
Auec vn peu de violence,
Sortirent ces propos assez distinctement.

Orphée aux yeux de Radamante,
A donc ramené des Enfers,
Malgré les flames & les fers,
Sa chere & gracieuse Amante!
Ce rare exemple d'amitié
Est donc reioint à sa moitié
Par deux fois de luy separee!
Et sa teste où les Dieux tant de dons ont enclos,
Ny sa lyre tant admiree,
Ne furent donc iamais à l'abandon des flots!

ELEGIE A VNE DAME.
Pour Monsieur le C. D. H.

Beauté dont les appas triomphent de ma vie,
Gloire de mon tourment, admirable Syluie,
Que dans la seruitude où l'amour m'a reduict
Benissant mes liens i'adore iour & nuict,
Et de qui l'œil vainqueur, cher astre de mon ame,
Me brusle en m'esclairant d'vne si douce flame,
Qu'il ne m'est pas permis sans commettre vn forfait
De me plaindre iamais du mal qu'elle me fait :
Puis que dans le plaisir de vous voir pitoyable
A l'ennuy que i'endure & qui m'est agreable,
Vous m'auez menacé d'vn cruel chastiment,
Si ie n'estois secret à mon recentiment :
Ie veux d'oresnauant obeyr & me taire,
Ie veux me retirer dans vn lieu solitaire
Où le silence au moins auec discretion,
Sçache le bon succez de mon affection :
Car quelques loix d'honneur que l'on nous fasse en-
    tendre,
N'en desplaise au respect, ie ne sçaurois cōprendre,

ELEGIE.

Que l'on ne soit ingrat & digne du trespas,
De receuoir du bien & ne le dire pas,
Mais, que dis-ie? ô bõ dieux! quoy, ie parle d'absence
Ma bouche ose-tu bien prendre cette licence,
Cependant que mon cœur que ie sens murmurer,
Dit qu'il mourroit plustost que de s'en separer;
Te croirois-tu capable apres ceste parole
Que malgré tes proiets ie veux rendre friuole,
Et pour qui te sont deubs des tourmens inhumains!
De baiser quelque iour l'yuoire de ses mains?

  O mal-heureux propos! ô perfide pensée,
Qui ne sçauroit partir que d'vne ame insensée !
Moy que ie vous quitasse, ô mon diuin soleil?
Que iamais ma raison approuuast ce conseil?
Non, non, plustost Neptune abandannera l'Onde,
Le Destin laissera la conduitte du Monde,
L'ombre fuira le corps, & l'amour le plaisir
Auant que i'accomplisse vn si lasche desir.

  Et combien que la gloire à toute heure m'apelle,
Pour aller de mon bras effrayer la Rochelle,
Ou repousser l'effort des orgueilleux Anglois,
Que l'vn de mes Ayeux a vaincu autrefois ?
Ie fay la sourde oreille, & renonçant aux armes,
Mes yeux treuuent en vous tant d'attraits & de
   charmes
Que quelque mauuais bruit que i'en puisse encourir
Aupres de vos beautez ie veux viure & mourir.

                             SVR

SVR VN DEPART, A LA MESME DAME.

ME dois-ie preparer à ce funeste iour,
Où malgré mon ardeur fidelle,
Le Destin me contraigne à la honte d'Amour,
A trahir ma Deeſſe & me ſeparer d'elle?
  Helas! ie n'y puis conſentir;
  Et toutesfois il faut partir.

 Beaux yeux que direz-vous de tant de faux ſermens?
Que diray ie pour ma deffence?
Croira-t'on auiourd'huy qu'à force de tourmens,
Ie puiſſe deſormais en eſteindre l'offence;
  Et pourrez vous bien conſentir
  A me laiſſer viure & partir?

 Ouy, vous le permettez, ô beaux yeux ie le croy,
Puis que la gloire vous ſert d'ame,
Et que vous voyez bien au milieu de ma foy,
Qu'à ſuiure le Dieu Mars, c'eſt elle qui m'enflame

SVR VN DEPART.

Ainsi vous deuez consentir
A me laisser viure & partir.

Là dedans les perils i'espere en la Valeur,
Que par quelque victoire insigne,
Me faisant couronner en despit du malheur,
De seruir vos beautez ie me rendray indigne:
Si bien qu'il vous faut consentir,
A me laisser viure & partir.

LE PALAIS DE LA VO-
LVPTÉ, SVR VNE MAISON
de plaisance que Monseigneur
le Duc de Rets a faict
bastir dans sa Forest
de Prinçay.

Cy la mesme Symmetrie
A mis toute son industrie
Pour faire en ce bois escarté
Le Palais de la Volupté:
Iamais le vague Dieu de l'Onde,
Ny celuy des clartez du monde
N'entreprirent rien de plus beau,
Quand sans trident & sans flambeau
D'vne volonté mutuelle
Ils mirent en main la truelle,
Et sous des habits de Maçons,
Employerent en cent façons,
Tous les beaux traits que la Nature
Admire dans l'Architecture

Pour loger ce Prince Troyen,
Qui depuis les paya de rien.
 Arriere ces masses enormes
Où s'entre-confondent les formes,
Où l'ordre n'est point obserué,
Où l'on ne voit rien d'acheué :
Il n'en est point icy de mesme,
Tout y suit la raison supresme,
Et le dessein en chaque part
S'y rapportent aux regles de l'Art.
 L'inuention en est nouuelle,
Et ne vient que d'vne ceruelle
Qui fait tout auec tant de poids,
Et prend de tout si bien le chois
Qu'elle met en claire euidence,
Que sa grandeur & sa prudence
Sont aussi dignes sans mentir
De regner comme de bastir.
 Cét Esprit que ma Muse adore
Qui de son amitié m'honore,
Et que i'estime comme vn Dieu,
A fait ce palais en ce lieu,
Où frequente la Solitude,
Tant pour la chasse & pour l'estude,
Que pour tous les autres plaisirs
Qui s'accordent à ses desirs.
 La sale grande & somptueuse,

Autant qu'elle est maiestueuse,
Se dedie au Roy des forests,
Au bon pan, qui dans vn marests
Vit sa Maistresse en vain aimée
En fresles roseaux transformée;
Dequoy pour chanter son tourment
Il fit à l'heure vn instrument
Qui ne dit mot quand on le touche,
Si l'on ne le porte à la bouche,
Essayant ainsi d'appaiser
Son ardeur par quelque baiser.

Là dedans encore on reuere
Diane au front doux & seuere,
Non pas pour cette chasteté
Dont son humeur fait vanité;
Quoy qu'auec Hypolite on croye
Qu'elle s'en donnoit au cœur ioye,
Mais parce qu'elle aime d'amour
A chasser en ce beau seiour.

Ceux qui l'ame & les oreilles
Trouuent des douceurs nompareilles
Aux plaisans & confus accors,
Que font ensemble, les chiens & Cors,
Entremeslez de voix humaines,
Quand par les bois, ou par les pleines
Ou par les monts ou par les vaux,
Et les hommes & les Cheuaux,

Poursuiuent Cerf, Cheureüil, ou Liéure
A qui la peur donne la fiéure;
Ceux, dis-ie, qui ne craignent point
Le plaisir à la peine ioint,
Tel qu'il l'est en cet exercice
Qu'on nomme vn aimable caprice,
Y sont bien venus en tout temps,
Et n'en partent point mal contents.

 Le Demon des tours de finesse,
Qui dés sa plus simple ieunesse
Attrappa iadis tous les Dieux,
Et sur la terre & dans les Cieux;
L'Inuenteur eu ieu de la chance,
Où les trois Dez menant la dance
Taschent au sortir d'vn cornet
A vous mettre vne bourse au net:
Le Patron des maquerellages,
Le Suborneur des pucellages,
Le chef des illustres menteurs,
C'est à dire des Orateurs,
Dont souuent la seule eloquence,
Mercure, dis-ie, aux doux propos,
Aux yeux perçans, au corps dispos,
Qui par vne routte incognuë
Vole à son gré dessus la nuë,
Ailé comme vn Esmerillon:
Preside au premier Pauillon.

DE LA VOLVPTE'.

En cét endroit sans tromperie,
Et sur tout sans criaillerie
Peuuent s'esbatre nuict & iour,
Gagnans & perdans tour à tour,
Sous le bon plaisir de Fortune,
A l'vn douce, à l'autre importune,
Ceux qui pensent que Paradis,
C'est ramener quinze sur dix.

Le second, c'est où l'on conserue
L'auguste portrait de Minerue,
De ceste sage Deité,
Qui gardant sa virginité,
Et cependant Mere feconde
De diuers Enfans mis au monde;
Les vns par les habiles mains
Des plus industrieux humains,
Les autres en la mesme guise
Que l'on chante qu'elle y fut mise,
Lors que son Pere en acoucha,
Par le cerueau qu'on luy trencha:
Ce sont les Arts, & les Sciences,
Que malgré nos impatiences,
Autrefois elle nous apprit
Tant du corps que de l'esprit.
Là ceux qui pensent ne point viure
S'ils n'ont le nez dans quelque liure,
Messieurs les Doctes seulement
trouuent en leur élement

Au troisiesme, on voit en sa gloire
Celuy qui se plaist tant à boire,
Ce Dieu de Pampre couronné
Qui s'enyura dés qu'il fut né;
Ce fameux Prince des Creuailles,
Ce guerrier de qui les batailles
Se donnent en plein Cabaret
Sous un drappeau blanc & clairet:
Ce bon Denis à qui ma Muse
Aucun Eloge ne refuse;
N'y iamais n'en refusera
Tant que sa veruë durera.

Là, tous les honnestes Yurongnes
Aux cœurs sans fard, aux nobles trongnes,
Tous les gosiers voluptueux,
Tous les Desbauchez vertueux,
Qui parmy leurs propos de Table
Ioignant l'vtile au delectable
Sont receus & traittez aussi
Comme des enfans sans soucy.

Et pour le dernier où se treuuent
Mille tableux qui nous esmeuuent
A faire ce crime innocent
A quoy la Nature consent,
C'est à la cause des pensées
D'où naissent toutes les ars.
C'est à celle qui sur les flots
Se diuin germe estant esclos

DE LA VOLVPTE'.

Vogua dans vn berceau de Nacre,
C'est à Venus qui se consacre,
A Venus qui s'apprit deslors
Dans la mer au bransle du corps,
Qu'elle exerça depuis sur terre
Menant vne si rude guerre
Aux plus vigoureux Bra.**
Que iusques à celuy de Mars.
Il luy falut rendre les armes,
Et recourir cent fois aux larmes
Pour quelque tréue en obtenir,
Puis qu'il ne pouuoit la finir.

Là, ceux que Periape conuie
Au plus cher plaisir de la vie,
Où l'on espreuue vn doux trespas,
Encore qu'on ne meure pas,
Trouuent sans prendre cette peine
Qui souuent en amour est vaine,
Dequoy saouler leurs appetits,
Autant les grands que les petits.

Que ces Empaleurs de Gomorre,
Ces Bou.** que mon cœur abhorre,
Ces infames pescheurs d'est.***
Ces soldats lasches & poltrons,
Qui denuez de toute audace
N'osent assaillir qu'vne place,
Qui sans tour & sans parapet
Ne se deffend qu'à coups de pet:

Que ces Testes extrauagantes,
Ces fous aux humeurs arrogantes,
Qui sans reuerence des Dieux
Se plaisent à morguer les Cieux,
Pestans auec mille blasphemes
Contre tout, voire contr'eux-mesmes
Seulement pour estre compris
Au nombre de nos forts Esprits:
Que ces miserables Auares
A leur endroit mesme barbares,
Qui bien hommes qu'Animaux
Se donnent tous les iours les maux
Que dans les biens dont ils se priuent,
Ils craignent qui ne leur arriuent,
Et se laissent mourir de faim
De peur de n'auoir plus de pain:
Que ces mines de Secretaires,
Ces graues discoureurs d'affaires,
Qui sans adueu du Potentat
Trenchent des Ministres d'Estat:
Que ces vieilles Rattes pourries,
Ces ames qui ne sont nourries
Que d'vn chagrin contredisant
A tout ce qu'on fait de plaisant,
Que les Ennemis des Sciences,
Que les perfides Consciences;
Que les Yurongnes querelleux,

DE LA VOLVPTE'. 139

Ny les ignorans Scrupuleux,
Ne viennent point pour nos supplices
Troubler en ce lieu les delices
Bref pour accomplir ce discours,
Que le petit Noble rustique
Auec son habit à l'antique,
Son corps mal fait, son sot maintien,
Et son ridicule entretien,
Ne se presente en nulle sorte
A cette venerable Porte
Qu'il feroit sauter hors des gonds
S'il ne veut que par mille bonds
On luy fasse dans vne berne
Dancer la volte à la moderne,
Ou que pour auoir trop vescu
Cent coups d'espingle dans le cu
Luy soient octroyez par des Pages
Plus meschans que des Chats sauuages,
Ou qu'enfin les plus forts Valets
Aillent luy donner les Relais.

BACCHVS CONQVERANT
POVR VN BALTET DV ROY.

EN fin mon bras victorieux
A couronné ma teste,
Ceux qui m'estoient iniurieux
Solemnise ma feste,
Tout m'obeit, mesme les Immortels,
Reuerent mes sacrez Autels.

Mon Thyrse orné de pampres vers,
Qu'vn Lierre entrelace,
A fait trembler tout l'Vniuers,
De sa seule menace,
Il a flestry par ses exploicts guerriers
L'honneur des plus fameux Lauriers.

L'Orient voit dessous mes lois,
Ses prouinces regies;
Ses monts, ses fleuues, & ses bois,
Ont ouy mes Orgies,

BACCHVS CONQVERANT.

Et la terreur de mes fiers Leopars,
Est imprimee en toutes pars.

L'Impieté ne produit plus
Contre moy de Penthee,
Tous mes ennemis sont perclus,
Leur puissance est domptee;
Bref, le Destin accorde à mon desir
La gloire coniointe au plaisir.

Cependant ce Roy redouté,
Sous qui les Lis fleurissent,
Cette adorable Maiesté,
Que les astres cherissent,
Fait, quoy que Dieu que i'auouë auiourd'huy,
De n'estre qu'homme au prix de luy.

O grande Reine à qui les Cieux,
Ont rendu tout possible,
Il pert seulement par vos yeux,
Le tiltre d'Inuincible,
Comme il acquit pour eux se consumant
Celuy de Iuste en vous aymant.

IVNON A PARIS POVR VN BALLET.

EQuitable Berger, gloire du sang de Troye,
Qu'vn songe malheureux pensa donner en proye
Aux Destins irritez:
Si l'extréme grandeur dont l'esclat m'enuironne
Ne m'auoit obtenu la celeste Couronne,
Ie n'aspireroy point à celle des beautez.

  Ie preside aux tresors, ie fay monter les hommes,
Par des degrez d'honneur iusqu'au siege où nous sommes
Auecques tous les Dieux;
C'est de mon seul pouuoir que despend la Fortune,
A quiconque il me plaist sa grace est opportune,
Et rend souuentesfois la terre esgale aux Cieux.

  Aussi le Souuerain que l'Olimpe reuere
Adoucissant pour moy son visage seuere,
Adore mon Autel;
Ie suis l'vnique obiect des pensers de son Ame,
Et croy que ma beauté d'où procede sa flame
L'eust fait mourir d'amour, s'il eust esté mortel.

LE SORCIER
AMOVREVX POVR
VN BALLET.

PLus Sorcier que n'est ce bel Oeil,
Qui pourroit tirer du cercueil
Ma vie aux flames destinée,
Dés que ie voy finir le iour,
En qualité de feu d'Amour,
Ie m'en vay par la cheminée.

Le Demon qui regne au Sabbat
Où mon cœur prend son seul esbat,
Est l'aymable Enfant de Cythere :
Et pour prouuer ce que ie dy
Ce n'est iamais qu'au Vendredy,
Que ie me trouue à ce mystere.

Les Amans y sont bien venus
A cause du nom de Venus
A qui ce iour-là se dedie,
On y tient le Bal comme icy,
Et par fois on y iouë aussi
Quelque amoureuse Comedie.

Là ce petit Dieu fait des loix
Qui font trembler mesmes les Rois
Dans l'orgueil qui les enuironne:
Et par vn pouuoir indomté,
Forcent iusqu'à ma liberté
De rendre hommage à sa Couronne.

O Beauté sans comparaison !
O Belise ! à qui ma raison
Comme captiue rend les armes !
Que i'estimeray mon sçauoir
Si pour vous prendre il peut auoir
En ce mestier assez de charmes.

INCON-

INCONSTANCE.

ON deuroit bien trouuer estrange
Que ma Muse n'ait mis au iour
Quelque œuure digne de loüange,
Sur le suiet de mon Amour:
Ie m'en estonnerois moy-mesme,
Mais dans mon inconstance extresme,
Qui va comme vn flus & reflus,
Ie n'ay pas si tost que i'ayme
Que ie sens que ie n'ayme plus.

Il est vray que ie sçay bien feindre,
Et qu'il n'est esprit si rusé,
Lors que ma bouche se veut plaindre,
Qui ne s'en trouuast abusé;
Mon cœur plein d'infidelles charmes,
N'espargne ny souspirs ny larmes
Pour essayer d'y paruenir,
Et mes paroles font des armes,
Contre qui rien ne peut tenir.

K

SONNET.

Doux tourment des esprits, amoureuse manie
Qui troubles mon repos auec tant de plaisir,
Ne me donnes iamais vn moment de loisir,
I'ayme bien à souffrir dessous ta tyrannie.

Rens en moy de ton feu la grandeur infinie,
Et gouuernant mes sens dont tu te viens saisir
Fay que rien desormais ne viue en mon desir
Que l'adorable obiet de la chaste Vranie.

Au seul bruit de son nom paruenu iusqu'à moy,
Mon ame luy consacre vne eternelle foy
Sur qui l'honneur s'esleue & mon espoir se fonde:

Ie l'ayme sans la voir comme on ayme les Dieux,
Et tiens plus de l'Amour qu'homme qui soit au
    monde,
Puis que non plus que lui ie ne me ser...

SONNET.

Iamais rien n'approcha de mon heureux destin,
J'adore vne Beauté qui n'a point de pareille;
Soit pour enchanter l'œil, soit pour rauir l'oreille,
Ou pour faire d'vn cœur vn amoureux butin.

Son visage est plus frais qu'vne Rose au matin
Quand au chant des oyseaux son odeur se réueille;
Elle remplit mes sens de gloire & de merueille,
Et me fait mespriser la bergere Catin.

Accuse qui voudra mon humeur d'inconstance,
Ie ne veux, ny ne puis luy faire resiance,
Et croy ne point faillir changeant de bien en mieux;

O Diuine Amarante, acceptez mon seruice,
Et daignez admirer comme pour vos beaux yeux
Ie fais vne vertu de ce qui fut vn vice.

EPIGRAMME SVR VN PORTRAICT DV ROY.

Icy l'Art passe la Nature,
Puis que par ceste portraiture
Dont tous les yeux sont esblouys,
Il a fait vn autre Louys
Pour moy ie pense qu'il aspire,
A faire que sans mescontens,
On puisse voir dans cét Empire
Vivre deux Rois en mesme temps.

AVTRE SVR VN PORTRAIT
DE FEV MONSIEVR
de Bouteuille.

Faict de memoire apres sa mort.

Digne ôbiet de pitié, mais beaucoup plus d'enuie,
Toy qui dans les combats eusses vaincu les Dieux,
Ta valeur à ce coup ne peut nier aux yeux
Qu'vn Peintre sans second ne t'ait donné la vie.

François de montmorency Baron de Bouteville pere de mr le mareschal Duc de Luxembourg eut le cou coupé en 1627 pour s'estre batu en Duel malgré les Deffenses...

EPITAPHE.

DAFNIS est mort si sainctement
Qu'on peut bien dire iustement
Celebrant ses loüanges,
Que si la douleur ou l'ennuy
Faisoit mourir les Anges,
Ayant vaincu comme eux, ils mourroient comme luy.

LA DESBAVCHE.

Ous perdrons le temps à rimer
Amis, ne faut plus cheminer,
Voicy Bachus qui nous conuie
A bien mener vne autre vie;
Laissons là ce fat d'Appollon
Chions dedans son violon,
Nargue du Parnasse & des Mu-
Elles sont vieilles & camuses; (ses,
Nargue de leur sacré ruisseau,
De leur archet, de leur pinceau,
Et de leur vertu poëtique
Qui n'est qu'vne ardeur frenetique:
Pegase en fin n'est qu'vn Cheual,
Et pour moy ie croy, cher Laual,
Que qui le suit & luy fait feste,
Ne suit, & n'est rien qu'vne beste,
Morbieu! comme il pleut là dehors!
Faisons pleuuoir dans nostre corps
Du vin, tu l'entens sans le dire,

Et c'est là le vray mot pour rire:
Chantons, rions, menons du bruit,
Beuuons icy toute la nuit,
Tant que demain la belle Aurore
Nous trouue tous à table encore,
Loin de nous sommeil & repos:
Boiſſat, lors que nos pauures os
Seront enfermez dans la tombe
Par la Mort ſous qui tout ſuccombe,
Et qui nous pourſuit au galop,
Las ! nous ne dormions que trop;
Prenons de ce doux ius de vigne,
Ie voy Faret qui ſe rend digne
De porter ce Dieu dans ſon ſein,
Et i'approuue fort ſon deſſein;
Bachus ! qui vois noſtre deſbauche,
Par ton ſainct portraict que i'eſbauche
En m'enluminant le muſeau
De ce trait que ie bois ſans eau
Par ta couronne de-Lierre,
Par la ſplendeur de ce grand Verre,
Par ton Thirſe tant redouté,
Par ton eternelle ſanté,
Par l'honneur de tes belles feſtes,
Par tes innombrables conqueſtes,
Par les coups non donnez, mais b.
Par tes glorieux attrib...

LA DESBAVCHE.

Par les hurlemens des Menades,
Par le haut goust des carbonnades,
Par tes couleurs blanc & clairet,
Par le plus fameux Cabaret,
Par le doux chant de tes Orgies,
Par l'esclat des trongnes rougies,
Par table ouuerte à tout venant,
Par le bon Caresme prenant,
Par les fins mots de ta Cabale,
Par le tambour & la symbale,
Par tes cloches qui sont tes pots,
Par tes souspirs qui sont des rots,
Par tes hauts & sacrez mysteres,
Par tes furieuses Pantheres,
Par ce lieu si frais & si doux,
Par ton Boucq paillard comme nous?
Par ta grosse garce Ariane,
Par le vieillar monté sur l'Asne,
Par les Satyres tes Cousins,
Par la fleur des plus beaux raisins,
Par ces Bisques renommées,
Par ces langues de Bœuf fumées,
Par ce Tabac ton seul Encens,
Par tous les plaisirs innocens
Par ce iambon couuert d'espice,
Par ce long pendant de saucisse,
Par la maiesté de ce Broc,

Par masse, toppe, cric & croc,
Par ceste oliue que ie mange
Par ce gay passeport d'orange,
Par ce vieux fromage pourry;
Bref, par Guillot ton fauory,
Reçoit nous dans l'heureuse trouppe,
Des francs Cheualiers de la Couppe,
Et pour te monstrer diuin
Ne la laisse iamais sans Vin.

LES CABARETS
A
MON CHER AMY
MONSIEVR FARET.

Faret mon Compagnon d'office,
Quand il faut faire vn sacrifice
Dedans quelque ioyeux Hostel
Ou la table fournit d'Autel;
Helas! quel Demon plein d'enuie
Trauersant nostre heureuse vie,
Quel Demon dy-ie, amy de l'eau
Te conduit à Fontaine-bleau!
Ce vain esclat de la Fortune,
Qui bien souuent est importune
A ceux mesme qu'elle assouuit,
De la grandeur qui nous rauit,

Auroit-il bien tant de puissance
Que de t'oster la iouyssance
Des plaisirs qu'on gouste à Paris
Sans nul soucy des fauoris?
Si i'en auois la moindre doute
Ie veux bien que Maillet me quille,
Si le gallant en marroquin,
Et faisant trotter le Pasqain,
Ie ne luy iettois tant de fange
Sur les habits de sa loüange,
Que son lustre pernicieux
N'esblouyroit iamais tes yeux.

Mais ià n'aduienne que i'y pense,
Ie sçai bien que la recompense
Des bons seruices que tu rends
A ton Maistre l'honneur des Grands,
T'oblige bien moins à le suiure
Que ne fait la gloire de viure
Sous vn tel Prince, qu'auiourd'huy
Ce nom là n'est propre qu'à luy.

Quel suiet doncques pourroit-ce estre,
N'est-ce point vn desir champestre
De visiter à ce Printemps
Les bois, les rochers, les estangs,
Y voir nager l'ombre d'vn arbre,
Contempler vn Palais de marbre,
Ou durant vn temps chaud & clair

LES CABARETS.

Regarder les ondes de l'air,
Qui semble trembler sur la terre
De la peur qu'il a du tonnerre?
Puis admirant sur les sillons
Les aisles des gais papillons
De mille couleurs parsemees,
Les croire des fleurs animees,
Qui volent au gré des Zephirs,
Vers les Cieux plus beaux que saphirs?
Ou tantost morne & solitaire
Resuant à quelque haut mistere,
Que les Muses ces belles sœurs
Monstrent auec tant de douceurs,
S'en aller en quelques lieux sombres
Loger Phœbus entre les ombres,
Et faire en ceste obscurité,
Vn vers digne de la clarté ?
Ou parfois ouyr Philomelle
Saluant la saison nouuelle,
Par vn doux chant se consoler,
Du temps qu'elle fut sans parler,
Quand l'infame & cruel Terée
Apres l'auoir deshonorée,
La reduisit, pour toute voix,
Au triste ouurage de ses doits;
Toutes ces belles fantaisies,
De qui nos ames sont saisies,
Sont-elles, dis-ie, le suiet

Qui te porte à ce beau proiet?
Parle, cher Amy, ie t'en prie,
Si tu ne veux que ie m'escrie,
On fait à sçavoir que Faret
Ne rime plus à Cabaret;
Ce seul depart l'en rend indigne,
Il est desgradé de la Vigne,
Et Bachus nostre puissant Roy,
Suiuant les reigles de sa loy,
Le casse, & luy defend de boire,
Que dans la Seine, ou dans le Loire,
Puis qu'il delaisse, amy de l'eau,
Paris pour vn Fontaine-bleau:
Paris, où ce grand Dieu preside;
Paris, où la Coiffier reside,
Paris, où fleurit vn Cormier
Qui des arbres est le premier,
Paris, qui prend pour son Heleine,
Vne petite Magdeleine;
Paris, qui presente à nos yeux
La Pomme de Pin qui vaut mieux,
Que celle d'or, dont fut troublee
Toute la diuine assemblée,
Paris, qui croissant tous les iours,
Contient dans l'vn de ses faux-bours,
Mainte autre ville toute entiere,
Paris, où dans vn Cimetiere

LES CABARETS.

Fait pour enterrer les ennuis
Nous auons tant paßé des nuicts;
Paris, enfin, ce petit Monde,
Où tout contentement abonde,
Et dans les plus grands defirs
Se peuuent fouler de plaifirs.
 Hà! ie t'entends, ces mots te preßent,
Et defia tes yeux me confeßent
Que tu ne fçaurois le quitter
Sans de toy-mefme t'abfenter;
Relafche vn peu ta feruitude,
Ne cherche point la folitude
Si ce n'est parfois dans ces Vers
Que i'ay donnez à l'vniuers.
Laiße les foins pour d'autres teftes,
Laiße les forefts pour les beftes,
Laiße les eaux pour les poißons,
Et les fleurs pour les limaçons;
Aufsi bien à voir ton vifage;
La campagne n'a point d'appas,
Qui puißent attirer tes pas,
Et de l'air dont tu te gouuernes
Les moindres Efcots des tauernes
Te plaifent plus cent mille fois
Que ne font les Echos des bois.
   ET A MOY AVSSI.

LA CHAMBRE DV
DESBAVCHE'.

A Monsieur de Malligny-Mallenoë.
marigny

Plus enfumé qu'vn vieux iambon,
Ny que le bœuf-salé de Pitre,
Ie te trace auec vn charbon
Cette Ode habillee en Epître:
 Marigny mon parfaict amy,
Que mon œil ne voit qu'à demy
Non plus que ce qu'il veut descrire,
Parbieu! tu dois bien admirer
Que ie tasche à te faire rire
Quand ie ne fay rien que pleurer!

 Gouspin, apres t'auoir quitté,
M'a traisné dans sa belle chambre,
Où mesme au plus fort de l'Esté
On trouue le mois de Decembre:
Pour moy ie ne puis conceuoir,

Par

DV DESBAVCHE.

Par quel moyen, ny quel pauoir
Mon corps a passé par la porte,
Car ie le iure entre nous
Qu'vn rat, ou le Diable m'emporte,
N'y sçauroit entrer qu'à genoux.

Son petit ladre de valet,
Reste de la guerre ciuile,
Reuient chargé comme vn mulet
De cotrets qu'il excroque en ville:
Mais à grand peine ce magot
A-t'il allumé le fagot
Que nous estranglons de fumée,
Nous toussons d'vn bruit importun
Ainsi qu'vne chatte enrhumée,
Et nos yeux prennent du petun.

Encore, ô mon Cœur! mon roignon!
Faut-il comme vn sçauant Notaire
Des beaux meubles du Compagnon
Te faire voir quelque inuentaire:
Premierement vn vieux panier
Tiré des fatras d'vn grenier,
Est son tabouret & sa chaise;
Que si soulageant l'escarpin,
L'vn y preside en sire Blaise,
L'autre est tout droit comme vn Sapin.

Vn estuy de Luth tout cassé,
Qui traisnoit au coin d'vne Salle,
Pour tout loyer du temps passé
Luy sert de cheuet & de malle:
Les flegmes iaunes & sechez
Qu'en sa verole il a crachez,
Luy seruent de tapisserie?
Et semble que les limaçons
Y rehaussent en brodere
Des portraits de toutes façons.

Comme on void au soir les Enfans
Se figurer dedans les nuës
Hommes, Chasteaux, Bois, Elefans,
Et mille Chimeres cornuës:
Ainsi nos yeux dans ces crachats,
Se forgeants à leurs entrechats
Cent mille sortes de postures,
Pensent voir contre la paroy
Les plus grotesques auantures
De Dom-Quichote en bel arroy.

Là l'on voit en des lieux fumans
Curé, Barbier, Niepce, & Nourrice,
Executer sur les Romans
Les sentences de leur caprice:
Certes si l'on traittoit ainsi

DV DESBAVCHE.

Les sots liures qu'on fait icy,
Dont à son dam la France abonde,
Ie croy qu'en cet embrasement
On verroit sans la fin du monde
Vn petit iour du Iugement.

Là, ce Guidon de Carnaual
Choque vn Moine à bride abatuë,
Mais n'en desplaise à son cheual,
C'est à dire en pas de tortuë:
Icy trenchant du Fierabras,
Certain moulin auec ses bras
Luy fait faire en l'air vne rouë
Et le laisse en fort piteux train,
Dans vn grand fossé plein de bouë,
Aussi moulu comme le grain.

Là, les innocentes Brebis
Qu'il prend pour gend'armes superbes,
Font de leur sang voir des rubis
Sur des esmeraudes des herbes:
Là, les bergers au mesme lieu
Sondent à beaux cailloux de Dieu
Ses costes presque descharnees,
Luy raflant en ces accidents
Ce qu'vn catherre & les annees
Souffroient qu'il luy restat de dents.

Le bon Sanche y semble accourir
Aux doleances de son Maistre,
Et comme s'il alloit mourir,
Luy faire un office de Prestre:
Là dessus penché sur le groin
De ce beau Cheualier de foin,
Il luy visite la machoire,
Quand l'autre luy regarde aux yeux,
Le baume qu'ils venoient de boire
Pour se le rendre à qui mieux mieux.

Vn peu plus loin on l'apperçoit
Sur son Rossignol d'Arcadie,
Dont à la mine qui deçoit,
On pense ouyr la melodie:
Proche de là le pauure sot
Est contraint de payer l'escot
En especes de capriolles;
Allant conter au Firmament
Qu'on peut bien dancer sans violles
Quand la berne sert d'instrument.

Là, blond & beau comme un Medor,
Le plat à lauer de sainct Cosme
Passe pour demy casque d'or
Sur le chef de nostre fantosme:
Là, l'Escuyer tout transporté

DV DESBAVCHÉ.

Baigne ses yeux dans la clarté
De cent ducats qu'il accumule,
Et riant comme vn farfadet,
Se console aupres d'vne mule
De la perte de son baudet.

Là, se fait voir quenoüille en main
Comme vne Parque de village,
Dulcinée, au cœur trop humain
Pour refuser vn pucelage :
Icy mouuant le κεὗπνὸν
Repaire de maint μοϱπιὸν,
Ses bras sont vn mestier penible,
Où par vn iuste contrepoids
Elle s'exerce auec vn crible,
A passer le temps & des pois.

Là, Rocinante tout gaillard,
S'émancipe à courre la bague,
Et picqué d'vn desir paillard,
Veut desroüiller sa vieille dague :
Quelqu'vn parmy cette rumeur
L'accoste en fort mauuaise humeur
Qui vous luy taille des croupieres,
Et qui pour en faire vn ioüet
Croyant qu'il n'ait point d'estriuieres
Vous l'en fournit à coups de fouet.

Mais, c'est assez Quichotisé,
Et si quelque bourru Critique
Ne dit aussi tost sottisé,
Ie n'entens rien à la pratique:
Cependant vn tel repreneur,
Dans la lice du poinct d'honneur,
Pourroit bien gister sans litiere,
Et sentir sur son hocqueton
Que ie suis en cette matiere
Tres-asseuré de mon bastan.

Laissant donc petter le renard
Au nez de la hargneuse enuie,
Fust elle chez ce vieux penard
Qui blasme nostre douce vie,
Ie veux comme ie l'ay pensé,
De l'inuentaire commencé
T'enuoyer la piece complaitte,
Et la iouant sur mon rebec,
N'y laisser rien digne d'emplette,
Qui ne reçoiue vn coup de bec.

Nostre amy propre en Escolier,
Quoy qu'il n'entra iamais en classe,
Fait d'vn flacon vn chandelier,
Et d'vn pot de chambre vne tasse,
Sa longue rapiere au vieux lou,

Terreur de maint & maint Filou,
Luy sert le plus souuent de broche,
Et parfois dessus le treteau
Elle iouë aussi sans reproche
Le personnage du cousteau.

Sa cheminée a sur les bords
Quantité d'assez belles nippes,
Qui feroient bien toutes en corps,
Fagot de bout de vieilles pippes:
L'odeur du tabac allumé
Y passe en l'air tout enfumé
Pour cassolette & pour pastille,
Si bien que dans les salles troux
Des noirs cachots de la Bastille
Le nez ne sent rien de plus doux.

Quant à la vertu, trois beaux dez
Sont ces liures d'Arithmetique,
Par lesquels maints points sont vuidez
Touchant le nombre d'or mistique :
Il est plein de deuotion
Dont la bonne application
Se fait voir en cette maniere,
C'est qu'il a dans son cabinet
Des heures de Robert Beiniere
A l'vsage du lansquenet.

Quant à du linge, cét endroit,
La toile n'est point espargnée,
Il en a plus qu'il ne voudroit,
Mais cela s'entend d'araignée:
Et quant à l'attirail de nuit,
Sa nonchalance le reduit
Au vray d'eshabiller d'vn page,
Où le luxe mis hors d'arçon,
Me monstre pour tout esquipage
Qu'vn peigne dedans vn chausson.

Encore ce peigne est-il fait
D'vne arreste de solle fritte,
Qu'il trouua dessous vn buffet,
Monstant les dents à la marmitte,
Cendre luy vaut poudre d'Iris,
Dont pour ragouster sa Cloris,
Le Goinfre s'espice la hure;
Sa Cloris s'entend sa Margot,
Où quand Priape l'en coniure
Il s'en va dauber du gigot.

Il sert aussi quelquefois
De decrotoire au lieu de brosse:
Ses ongles plus longs que ses doigts
Luy sont des curedents d'Escosse,
Pour chenet il n'a qu'vn paué,

DV DESBAVCHE'.

D'vne botte il fait vn priué,
D'vn bouſſin d'ail vne piſtache
D'vne ſeringue vn piſtolet,
D'vn compas vn fer à monſtache,
Et d'vne rotonde vn collet.

Puis quand pour prendre ſon repos,
Las, & non ſoul de la desbauche,
Il donne le bon ſoir aux pots
En faiſant demy-tour à gauche :
De ſa nape il fait ſon linceul,
Vn aix qui ſe plaint d'eſtre ſeul,
Luy fournit de couche & de table
La muraille y ſert de rideau,
Bref, cette chambre eſt vne eſtable
Où la Peſte à tenu bordeau.

Toutesfois nous ne laiſſons pas,
Trinquans & briffans comme droles,
D'y faire vn auſſi bon repas
Qu'on puiſſe faire entre deux poles ;
Nous y beuuons à ta ſanté
Du meilleur qu'ait iamais vanté
François Paumier ce grand yurongne,
Sans nul ſoucy de l'aduenir,
Si ce n'eſt de reuoir ta trongne
Et de viure en ton ſouuenir.

LE FROMAGE

ASSIS sur le bord d'vn chantier
Auec des gens de mon mestier,
C'est à dire auec vne trouppe
Qui ne iure que par la couppe,
Ie m'escrie en laschant vn rot,
Beni soit l'excellent Bilot.
Il nous a donné d'vn fromage
A qui l'on doit bien rendre hommage
O Dieu! quel manger precieux:
Quel goust rare & delicieux!
Qu'au prix de luy ma fantaisie
Incague la saincte Ambroisie!
O doux Cottignac de Bachus,
Fromage, que tu vaux d'escus!
Ie veux que ta seule memoire
Me prouoque à iamais à boire
A genoux Enfans desbauchez,
Chers confidens de mes pechez,

LE FROMAGE.

Sus! qu'à plein gosier on s'escrie,
Beny soit le terroir de Brie,
Beny soit son plaisant aspect,
Qu'on en parle auec respect,
Que ses fertiles pasturages
Soient à iamais exempt d'orages:
Que Flore auec ses beaux atours,
Exerçant mille amoureux tours :
Sur vne immortelle verdure,
Malgré la barbare froidure
Au visage morne & glacé,
Y tienne à iamais enlacé
Entre ses bras plus blancs qu'albastre
Le gay Printemps qui l'idolatre,
Que, comme autresfois, Appollon,
Delaisse torche & violon,
Et s'en vienne dans ces prairies,
Dans ces grandes plaines fleuries,
Garder en guise de Vacher
Vn trouppeau qui nous est si cher,
Et dont la mammelle feconde,
Fournit de laict à tout le monde.
Mais ie veux l'encharger aussi
Qu'il en prenne plus de soucy,
S'il faut qu'vn iour il s'y remette,
Qu'il ne fist celuy d'Admette,
Lors que le Patron des Mattois

Portant cinq crocs au lieu de doigts,
Qui faisoient le saut de la carpe,
Ioüa sur ces bœufs de la harpe,
Et le laissa sous vn Ormeau
Flusier son soul d'vn chalumeau,
Que iadis l'amoureux martyre,
Fit entonner vn grand Satire.

On dit que quand il fut duppé
Il estoit si fort occuppé
Dans vne douce resuerie,
Qu'il n'en vid point la tromperie!
Chose estrange! à mon iugement,
De conuaincre d'aueuglement
Celuy dont la vertu premiere
Ne consiste qu'en la lumiere!
Tout-beau, Muse, tu vas trop haut,
Ce n'est pas là ce qu'il nous faut,
Ie veux que ton style se change
Pour acheuer ceste loüange.

Encore vn coup, donc compagnons,
Du bon Denis les vrais mignons,
Sus! qu'à plein gosier on s'escrie,
Benit soit le terroir de Brie.

Pont l'Euesque arriere de nous,
Auuergne & Milan cachez-vous,
C'est luy seulement qui merite
Qu'en or sa gloire soit escrite:

LE FROMAGE.

Ie dis en or auec raison,
Puis qu'il feroit comparaison
De ce fromage que i'honore,
A ce metal que l'homme adore:
Il est aussi iaune que luy,
Toutesfois ce n'est pas d'ennuy,
Car si tost que le doigt le presse
Il rit & se creue de gresse.
O combien sa proprieté
Est necessaire à la santé!
Et qu'il a de vertus puissantes
Pour les personnes languissantes.
Rien n'est de si confortatif,
C'est le meilleur preseruatif
Qu'en ce temps malade & funeste
On puisse auoir contre la Peste.

 Mais cependant que ie discours
Ces Goinfres-cy briffent tousiours,
Et voudroient qu'il me prist enuie
De babiller toute ma vie,
Holà, Gourmands, attendez-moy:
Pensez-vous qu'vn manger de Roy
Se doiue traitter de la sorte
Que vostre appetit vous emporte?
Chaque morceau vaut vn ducat,
Voire six verres de muscat,
Et vos dents n'auront point de honte

D'en auoir fait si peu de conte?
  Bilot, qui m'en auois muny,
Hé! pourquoy n'est-il infiny
Tout aussi bien en sa matiere
Qu'il estoit en sa forme entiere,
Pourquoy tousiours s'appetissant,
De Lune deuient-il Croissant!
Et pourquoy si bas sous la nuë
S'esclipse-t'il à nostre veuë?
Respons, toy qui fais le Deuin,
Crois-tu qu'vn manger si diuin,
Vienne d'vne Vache ordinaire?
Non, non, c'est chose imaginaire.
  Quant à moy ie croy qu'il soit fait
De la quintessence du lait
Qu'on tira d'Yo transformée,
Qui fut d'vn Dieu la bien-aymée,
Garçons pour vous en asseurer,
Ie ne craindroy pas d'en iurer,
Puis que sans contredit ie treuue
Que sa vieillesse me le preuue.
  O doux Cotignac de Bacchus,
Fromage, que tu vaux d'escus!
Ie veux que ta seule memoire
Me pronoque à iamais A BOIRE.
          VERSE LAQVAIS.

LA BERNE

Xcroqueuse de gringuenaude,
Auec ton nez à chiquenaude,
Où pend pour enseigne vn morneau,
Que ton gros cocu, Iean le Veau,
Aualle en guise d'huistre verte,
Alors qu'il leche à gueulle ouuerte
Ton chien de groin, qui sent plus fort
Que les coüilles d'vn asne mort.

Il faut enfin que ie te tire
Lés poignants traicts d'vne Satyre,
Dont le style goinfre & mocqueur
T'aille percer iusques au cœur.

Tu deurois bien cherir ma Muse,
Puis qu'à ce coup elle s'amuse,
O vieille Amelite aux grands yeux,
A te porter dedans les Cieux;

Mais i'entens auec vne Berne,
S'est ainsi qu'elle s'y gouuerne,
Et ie t'en dy la verité,
Pour rabattre ta vanité.

 Chers Enfans de la Mesdisance,
Qui iadis par toute la France
Fistes valoir mille escus-quars
Le moindre de tous vos brocars;
Vous, qui Mome en riant aduouë,
Et dont les escrits font la mouë
A quiconque seroit si sot
Que d'en oser reprendre vn mot,
Regnier, Berthelot & Sygongne
Empoignez cette Castelongne,
Tenez-bien, roidissez les coings,
Y estes vous serrez les poings,
Et faisons sauter iusqu'aux nuës,
Par des secousses continuës,
Sans crier iamais c'est assez,
Ny que nos bras en soient lassez,
Cette Sorciere à triple estage,
Qui n'est bonne pour tout potage
Qu'à faire en l'air des entrechats
Comme l'on en voit faire aux chats.

 Voila qui va le mieux du monde!
Bons Dieux! oyez comme elle gronde!
Quelle grimace! quel portrait,

LA BERNE.

Vn constipé sur vn retrait,
Vn vieux Charlatan qui baufonne,
Vn Mulet rongneux qu'on bouchonne,
Vn Singe qui croque des poux,
Vn Mastin assailly des loups,
Dom-Quichote dans les escornes,
L'Erty quand on luy fait les cornes,
Et Perette en maschant des nois,
Font moins de mine trente fois,
Voyez, voyez comme elle escume?
Voyez comme sa teste fume?
Ie croy qu'elle a le Diable au corps,
Que iamais n'en soit-il dehors,
Messer Sathan ie vous encharge,
Et bien au long & bien au large,
Qu'elle en puisse creuer d'ahan,
Et vomir l'ame auec le bran.

 Hà! la voila bien attiffée!
Nous allons voir vn beau trofée
Fait d'vne coiffe de satin,
D'vne perruque, d'vn patin,
D'vn busc, d'vn collet, d'vne houpe,
D'vn manchon tout gasté de soupe,
D'vn masque & d'vn salle mouchoir
Qu'en sautant elle a laissé choir.
 O la plaisanto melodie
Dont mon oreille est estourdie!

M

Chaisne, estuy, clefs & peloton
Carillonnans à divers ton,
Et se meslans à la rencontre,
Auec bourse, couteaux & montre
Et mille autres ioliuetez,
Luy brimballent aux deux costez.

 Mais qu'est-ce-cy mes camarades?
Voicy d'estranges algarades,
On nous en baille, on nous en vent,
Nous ne bernons plus que du vent,
Et le Demon qui la possede
Mieux qu'il ne fit iamais Salcede,
La rendant ainsi que vous trois
De l'ordre de la Rose crois,
Droit aux Enfers l'a transportée,
Pour estre si bien tourmentée,
Qu'au prix d'elle les Gaufridis
Penseront estre en Paradis.

 De grace, officieux Fantosmes,
Si dans l'Empire des Atomes,
Où la mort veut que vous viuiez
Par hazard, vous la retrouuiez,
Prenez au lieu de couuerture
Quelque vieux drap de sepulture,
Et me la bernez en amy,
C'est à dire en Diable & demy?
Mais d'autant qu'il faut estre quatre

LA BERNE.

Quand vous voudrez vous en esbatre,
Ie brusle d'vn si grand desir
D'auoir encor vn tel plaisir,
Que pour estre de la partie,
Mon esprit beaucoup plus dispos
Qu'vn grimaut lors qu'il a campos,
Quittera sa robbe charnelle,
Et d'vne allegresse eternelle
S'en ira là bas vous aider?
Grand-Champ, Docteur en Bernerie,
Approuue cette raillerie,
Mets-y nous-sous signez au bas,
Et tout le monde en fera cas.

LA GAZETTE DV PONT-NEVF.

A MONSIEVR DE BOISROBERT.

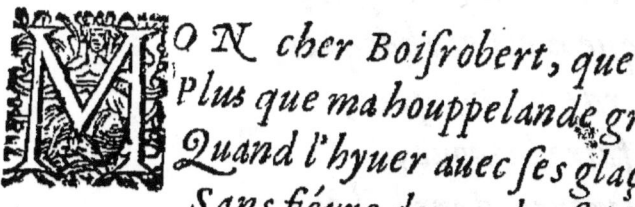

MON cher Boisrobert, que ie prise
Plus que ma houppelande grise,
Quand l'hyuer auec ses glaçons
Sans fiéure donne des frissons,
Ie viens d'arriuer tout à l'heure
De la ville où Philis demeure,
D'où i'apporte en mon souuenir
Bien dequoy nous entretenir.
La soutane d'vn pauure Prestre,

DV PONT-NEVF.

Vn Barbet qui cherche son maistre,
Et cinquante Courriers du Roy
Ne sont pas si crottez que moy.
　I'ay veu nostre fou de Poëte
Auecques ses yeux de choüette,
Sa barbe en fueille d'artichaut,
Et son nez en pied de reschaut,
Il est d'vn humeur plus fantasque
Que le son d'vn tambour de basque.
Vous le voyez sur le Pont-neuf,
Tout barbouillé d'vn iaune d'œuf
Depuis sept iusqu'à onze
Faire la Cour au Roy de bronze:
Tous ceux qui le rencontrent là
Demandent qu'est-ce que cela?
Et s'arrestent à voir sa trongne,
Comme à voir celle d'vn yurongne,
Qui plus rond que n'est vn bacquet,
A chaque pas darde vn hocquet,
Et semble vous faire la mouë,
Traisnant son manteau dans la bouë:
L'vn croit que c'est vn loup-garou,
L'autre vn vieil singe du Perou:
Cestuy-là que c'est vne Austruche,
Cestuy-cy que c'est vne cruche,
Et dans ces iugements diuers,
L'vn dit que Monsieur de Neuers

A des Chanteaux en son bagage
De sa taille & de son langage;
Ses pauures vers estropiez
Ont des ampoulles sous les pieds
A force de courir les ruës;
Chez luy les Muses toutes nuës
Se repaissent le plus souuent
Comme il fait, d'espoir & de vent.

Il vous traisne vne longue latte
Dedans vn vieux fourreau de natte
Penduë au bout d'vn marroquin,
Qui vous sangle son casaquin:
Tantost il vous porte vne broche,
Qui fait garde deuant sa poche,
De peur qu'en y iettant la main
On ne prist son quignon de pain,
A le voir en cét équipage
On diroit qu'il a du courage:
Et qu'il est plus fier qu'vn Hector,
Mais il est plus doux qu'vn castor,
Tous ceux qui domptans leur paresse
S'en vont de bon heure à la Messe,
Le rencontrans tous les matins
Sous le portail des Augustins,
Et voyant sur son estamine
Grouiller les monceaux de vermine
Luy iettent l'aumosne en passant,
Qu'il ramasse en les maudissant.

L'autre soir, que pour triste augure,
Il me presenta sa figure,
En la frayeur qui me surprit
Ie creu que c'estoit vn esprit,
Fis deux ou trois pas en arriere,
Et me mis soudain en priere,
Mais ie connus dés qu'il parla
Qu'il n'estoit rien moins que cela,
Toutesfois il le peut bien estre,
Et son Estat fait bien parestre
Que mes sens d'orreur occupez
Ne s'estoient pas beaucoup trompez;
Car puis que c'est vn pauure Diable,
Deuoit-il pas estre croyable,
Que ce fust vn Esprit aussi?
Qant à moy ie le iuge ainsi.
 Ces discours pleins d'vne elegance
Qui fait rage en l'extrauagance,
D'vn galimathias de mots,
Ou Mercure en a dans le dos,
Nous preschent auec des miracles,
Que ces Vers sont autant d'oracles;
Aussi le sont ils en ce poinct,
C'est que l'on ne les entent point.
 Mais! c'est trop parler d'vne chose,
I'ay trouué Dieu te garde la Rose,
Chez la Picarde au bauolet,

Qui dançoit auec son valet,
Sur le chant de Misericorde
L'on se pend bien souuent sans corde
Vne sarabande qu'Amour
A mise en credit à la Cour:
Ce grand Benest de haute game,
Fasché du mespris de la Dame,
Et souspirant à l'enuiron
Comme vn soufflet de forgeron
S'est venu plaindre à mon oreille
Qu'on ne vit iamais sa pareille,
Que la ceruelle de Guerin,
Que le chapeau de Tabarin,
Et la flame d'vne chandelle,
Ont bien plus de constance qu'elle!
Bref, il m'en a tant discouru,
Que i'en ay l'esprit tout bouru:
Item, i'ay veu chez la Contesse
La Beauté qui me traisne en lesse,
Bien que ces appas fassent flus
Et qu'elle ait cinquante ans & plus,
Ouy-da ie l'ay veuë & baisee,
Ceste vieille, ceste rusee,
Qui semble encore en se mourant,
Crier, à se beau demeurant.
  Vn chat enragé que l'on berne,
Vn ieune Valet de tauerne,

DV PONT-NEVF.

Les dents d'vn page en appetit,
Li iaret d'vn Gagne petit,
Marais dançant la bergamasque,
Le vray Harlequin sous le masque,
Des Anguilles dans vn panier,
Des Chenilles sur vn prunier,
N'entendent rien à la souplesse
Au prix des ressorts de sa fesse,
Qui trouue en l'amoureux duel
Le mouuement perpetuel.

 I'ay bien d'autres choses à dire,
Qui nous fourniront dequoy rire
Pour plus de six mois & demy,
Quand i'auray l'honneur, cher amy,
De voir si tu bois point à gauche,
Et si tu fais bien la desbauche,
Car c'est l'vnique passe-temps,
Où tous mes desirs sont contents:
Cependant ma plume eneruée,
Pour metre fin à sa coruée,
Et n'enuyer pas le Lecteur,
Apres auoir dit, seruiteur,
Te supplie en rodomontade,
De prendre en gré cette boutade,
Sinon, ton cu n'est pas trop loin,
Le papier vaut mieux que du foin.

LA VIGNE
A
MONSIEVR
DE
PONTMENARD.

Ontmenard, que mon Ame estime
D'vne passion legitime,
Et qui merite d'estre mis
Au rang des plus parfaits amis:
Depuis le iour qu'en la Bretagne
I'erre de vallon en montaigne
Ie n'ay rien trouué de si beau
Comme ta maison de Coybeau.

Non pas pour cette belle veuë,
Dont le Ciel l'a si bien pourueuë,
Qu'on diroit qu'il a fait ces lieux
Pour le souuerain bien des yeux,

LA VIGNE.

Non pas pour la frescheur de l'ombre
De ce bois venerable & sombre,
Où les Bergers les plus discrets
Chantent leurs amoureux secrets:
Non pas pour ces larges campagnes
Où Ceres, auec ses compagnes,
Seme & recueille tant de blez,
Que tes greniers en sont comblez.
Non pas pour ces grandes prairies
Que la saison qu'aux Canaries,
Mes yeux ont veu regner iadis
Comme en vn second Paradis,
En Ianuier mesme rend si vertes
Et de tant de trouppeaux couuertes,
Qu'on n'y sçauroit lequel choisir:
Ou du profit, ou du plaisir:
Non pas pour ces claires fontaines,
Qui par des routes incertaines
Se fuyant & se poursuiuant
Sous l'ombrage frais & mouuant,
De mille arbres qu'elles font croistre
Et qu'en elles on voit paroistre,
Accordent au chant des oyseaux
Le doux murmure de leurs eaux:
Non pas pour ces longues allees,
Ou de branches entremeslees
De Lauriers, de Charmes, de Buis,

De Cyprés, de fleurs & de fruits,
Se forment des murailles viues,
Qui par leurs distances captiues,
Font des chemins plus gracieux
Que n'est celuy qu'on voit aux Cieux:
Non pas pour ce diuin Partere,
Où le soin de Nature enserre
Cent mille fleurs, qu'à voir briller
Quand elle veut s'en habiller,
On prendroit pour des pierreries,
Qui des drogues les plus cheries,
Dont l'odorat est amateur,
Auroient agreable senteur :
Mais bien pour ce costeau de Vigne,
Qui seul est de ma Muse digne,
Et que ie veux si bien loüer,
Que Bacchus le puisse aduoüer.
Ha ! braue Baron de sainct Brice,
Pour honorer vn tel caprice
Qui m'esueille la verruë ainsi,
Que n'es-tu maintenant icy
Nous boirions dedans ta calotte,
Et par quelque chanson fallotte,
Nous celebrerions la vertu
Qu'on tire de ce bois tortu.
Vray Gilot, Roy de la desbauche,
Mon cher amy, mon coüillon gauche,

LA VIGNE.

Si tu te trouuois en ce lieu,
O! comme à l'honneur de ce Dieu
Que l'on vit naistre d'vne cuisse,
Tu chanterois en ton de Suisse,
Faisant d'vne nape vn turban,
Ton melodieux TIREBAN!
Toy de qui le nom effroyable
Feroit chier de peur le Diable,
Grand & hardy Chassain grimont,
Dont le seul regard nous semont
A l'agreable excez de boire,
Toy qui non sans cause fais gloire,
Et crois en payer ton escot,
D'estre de la Maison de Pot:
Belot puissant Demon de ioye,
Qui par vne secrette voye
Nous inspires la volupté
De la bacchique liberté,
Lors qu'autour d'vne table ronde,
Faisant raison à tout le monde,
La tienne abandonne tes sens
A mille plaisirs innocens:
Marigny, rond en toutes sortes,
Qui parmy les brocs te transportes,
Et dont l'humeur que ie cheris
M'a peu faire quitter Paris:
Franc Picard à la rouge trongne,

Braue Maricourt, noble yurongne,
Qui crois estre sur ton fumier
Quand tu presides chez Cormier:
Ieune portraict du vieux Silene,
Grand beuueur à perte d'halene,
Chere rime de Cabaret,
Mon cœur, mon aymable Faret:
Brun, qui dans la Cité de Dole,
Chez toy, de raisons tiens escole
Pour les plus sçauans, quand tu bois
De ton exquis vin blanc d'Arbois:
Bardin, dont la saine doctrine
Incaguant Aristote & Pline,
Prouue que le Vin seulement
Merite le nom d'Element;
Grand-Champ, qui vuides mieux les verres,
Que dans les chiquaneuses guerres
Auec les plus heureux succez,
Tu ne vuiderois les procez:
Butte, qui d'un cœur de Pompée,
Ne fais pas mieux à coups d'Espée
Que dedans maint repas diuin,
Ia t'ay veu faire à coups de Vin:
La Motte, qui parmy les tasses
As mille fois plus fait de masses,
Que ton Pere, en son plus grand feu,
N'en a iamais fait dans le ieu:

LA VIGNE.

Chasteau pers, gardien des treilles,
Au nez à crocheter bouteilles,
De qui l'aspect est aussi bon
Pour faire chifler qu'vn Iambon:
Cher compatriote De-Lâtre,
Humeur que mon ame idolatre,
Homme à tout faire, Esprit charmant,
Pour qui i'aduouë estre Normant.

Theophile, Bilot, Moliere,
Qui dedans vne triste biere
Faites encore vos efforts
De trinquer aueccques les morts:
Fameux Beuueurs, trouppe fidelle,
Tous ensemble ie vous appelle
Dans ces lieux de pampre couuers,
Pour m'ayder à chanter ces Vers.

Que sous les climats froidureux
Les Peuples sont bien malheureux
De n'auoir aucun sep de Vigne?
Tout plaisir leur est interdit,
Le Ciel en tout temps leur rechine
Et la Nature les maudit.

Ils profanent le cabaret,
De l'eau boüillie, au vin-clairet,

Le sade goust on y prefere;
Quand on y boit on est transi,
Et l'on n'y sçauroit iamais faire
Ruby sur l'ongle comme icy.

Alexandre le grand Beuueur,
Bacchus, eust-il sans ta saueur
Peu meriter quelque loüange?
Et l'eust-on iamais veu regner
Sur tant de terres que le Gange
Prend tant de plaisir à baigner?

Iamais habillemens de Mars,
Glaiues, boucliers, lances ny dars
N'esclatterent dans son Armee,
Et iamais mousquets, ny canons
Vomissans fer, flamme & fumée,
N'y firent abborrer leurs noms.

L'eclat des Verres seulement
Plus brillants que le Firmament,
Y rendoit la veuë esblouye?
On n'y vomissoit que du Vin,
Et rien n'y possedoit l'ouye
Qu'vn chant bacchique & tout diuin.

Quand ces Pyrates impudents

Bacchus

LA VIGNE.

Bacchus, te monstrerent les dents,
N'est-il pas vray que ta vengeance
Ordonna pour son plus grand fleau,
Que cette miserable engeance,
Ne boiroit iamais que de l'eau ?

O quel seuere chastiment !
Boire de l'eau; Dieu quel tourment !
Quelle ire n'en seroit soulée !
C'est bien pour en desesperer,
Mais encore de l'eau salée.
Qui ne sert qu'à les alterer !

Ces Maraus furent bien surpris
Et leur audacieux mespris !
Ils y perdirent leur escrime;
Et dedans ces flots tous esmeus,
De l'enormité de leur crime,
Ils demeurerent bien camus !

Pere, aussi tant que ie viuray,
De tout mon cœur ie te suiuray,
Ie t'en fais icy la promesse;
Et iure par ces ceruelas,
Que pour mon baston de vieillesse
Ie ne veux rien qu'vn eschalas.

CASSATION
DE
SOVDRILLES.

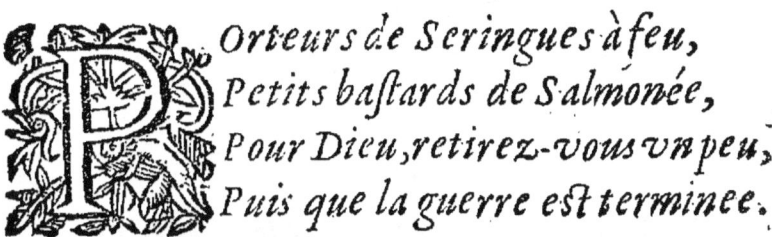orteurs de Seringues à feu,
Petits bastards de Salmonée,
Pour Dieu, retirez-vous vn peu,
Puis que la guerre est terminee.

Valets de picque, faites flus,
La France qui vous congedie,
Veut que vous ne luy seruiez plus
Qu'à vendenger en Normandie.

Sergents, qui sous vn attelier
Auiez leué tant de pagnottes,
Pendez le glaiue au ratelier
Et chiez dans vos bourguignottes.

DE SOVDRILLES.

Enseignes pliez vos drappeaux,
Sous qui la valeur se gouuerne,
Et vous rangez à grands troupeaux
Sous celuy de quelque tauerne.

Lieutenans, qui craignez le choq
Plus qu'vn muguet ne craint la foule,
Mettez bas vos plumes de cocq:
Dont vous auez mangé la poule.

Capitaines, mauuais garçons,
Si l'on en croit vos cadenettes,
Allez sur quelques limaçons,
Depuceler vos daguenettes.

Tambours, les Violons de Mars,
Qu'on batte aux champs de mains legeres,
Pour mener tous ces beaux soldats
En garnison droit à Fougeres.

Là, chargez d'vn pesant mousquet,
Qu'il fassent bien soigneuse garde,
Chantans aupres d'vn tourniquet
La Robinette & la Guimbarde.

Là, d'vn ventre-bieu! qui va là?
Dit d'vne trongne furibonde,
Sans voir ny cecy, ny cela,

Qu'ils faſſent trembler tout le monde.

Là, pour faire les vieux routiers,
Et qu'auec crainte on les entende,
Qu'en bon termes de Sauetiers
Ils parlent du ſiege d'Oſtende.

Là, de maint faſcheux horion,
Qu'vn Caporal nommé la Coque,
Vous leur ſangle le morion
Iuſques à la nicque & la nocque.

Eà, que d'vn maintien importun,
Sur les murailles esbrechees,
Ils ſouflent au lieu de petun
Des fueilles de choux mal ſechees.

Là, dans les affaires d'Eſtat
Plus auant que porcs dans la boüe,
Qu'ils deſpeignent comme Alberſtat
Deſconfit le braue Cordoüe.

Là, qu'vn Gaſcon en exaltant
Son excellence, ou ſon alteſſe,
Baille pour bel argent contant
Ses hauts exploits à ſon hoſteſſe.

Et concluant par vn & donc,
Ses beaux discours tout plein d'emphaze,
Qu'il luy monstre qu'vn pied de long
Le peut faire passer pour Aze.

Mais encor, Muse, en nous gaussant
D'vne si leste Infanterie,
Faut-il dire vn mot en passant
A la pauure Gendarmerie.

Caualiers l'effroy des poullets,
Faites des broches de vos lames,
Et ne bandez vos pistolets
Que pour decharger sur les Dames.

IMPRECATION.

I iamais i'entre dans Eureux,
Puiſſay-ie deuenir fiéureux,
Puiſſay-ie deuenir grenoüille,
Puiſſay-ie deuenir quenoüille,
Que le vin me ſoit interdit,
Que nul ne me faſſe credit,
Que la tigne auec la pelade
Se iette deſſus ma Salade,
Que ie ſerue de Iacquemart,
Qu'on me coupe le braquemart
Bref, que cent cloux gras d'appoſtume,
Noirs & gluans comme bitume
M'enuironnent le fondement
Si i'y ſonge tant ſeulement.
Qu'à iamais la guerre ciuille
Trouble cette maudite ville,
Que Phœbus qui fait tant le beau
N'y porte iamais de flambeau,
Qu'il y pleuue des halebardes,
Que tout ce que iadis nos Bardes
Ont prophetiſé des malheurs,

IMPRECATION.

D'ennuis, d'outrages, de douleurs,
De poison, de meurtre, d'inceste,
De feu, de famine & de peste,
S'y puisse bien-tost accomplir,
Et tout son domaine en remplir,
  Voila ce qu'vn ire équitable
Fit prononcer estant à table,
De haine ardemment excité,
Contre cette infame Cité,
Au plus benin de tous les hommes
Qui boiuent au temps où nous sommes.
O bon Yurongne! ô cher Muret!
Qu'auec raison tu la mesprises!
On y voit plus de trente Eglises,
Et pas vn pauure Cabaret.

L'ENAMOURÉ.

Arbieu, i'en tiens, c'est tout de bon
Ma libre humeur en a dans l'aile,
Puis que ie prefere au Iambon
Le visage d'une Donzelle:
Ie suis pris dans le doux liens
De l'Archerot Italien;
Ce Dieutelet fils de Cyprine,
Auecques son Arc my courbé
A feru ma rude poitrine,
Et m'a fait venir à iubé.

Mon esprit a changé d'habit,
Il n'est plus vestu de reuesche:
Il se raffine & se fourbit
Aux yeux de ma belle Cheuesche:
Plus aigu, plus clair & plus net
Q'vne dague de cabinet;
Il estocade la tristesse,
Et la chassant d'autour de soy,
Se vante que la politesse
Ne marche plus qu'auec moy.

L'ENAMOVRE.

Ie me fais friser tous les iours,
On me releue la moustache,
Ie n'entre-couppe mes discours
Que de rots d'ambre & de pistache:
I'ay fait banqueroute au petun,
L'excez du vin m'est importun
Dix pintes par iour me suffisent,
Encore, ô falotte Beauté,
Dont les regards me desconfisent,
Est-ce pour boire à ta santé.

LA NAISSANCE DE PANTAGRVEL POVR VNE MASCARADE.

LE iour que ie nasquis on vit pleuuoir du Sel,
Le Soleil en faisant son tour vniuersel,
De la soif qu'il souffrit, beut quasi toute l'Onde,
Et pensa d'vn seul trait aualler tout le monde:
De là sont prouenus tant d'abismes sans eaux,
De là sont deriuez tant de Rouges-museaux,
Qui d'vn gozier ardent, que rien ne desaltere,

S'occupent sans relasche au bacchique mystere,
L'Air beaucoup plus en feu qu'au temps de Phaëton,
En cracha sur sa barbe aussi blanc que cotton.
Et la nuict de deuant on vit auec merueille
Briller vne Comette en forme de bouteille,
Pour presage certain, non de mortalité
Comme les autres sont, mais de pleine santé;
I'entens de ces santez que l'on fait à la table,
Et par qui l'homme est dit Animal raisonnable.
Ce beau Mignon Troyen, ce Sommelier des Dieux,
Auec la ieune Hebé, versant à qui mieux-mieux,
Se lasserent les bras à leur remplir la coupe,
Et Iupiter en fut yure comme vne soupe :
Le grand Mastin celeste en deuint enragé,
Le sucre de Madere en poyure fut changé,
Les gigots de mouton en Iambons de Maience,
La Terre eut le hosquet, elle en cria vengeance,
Et la Nature mesme en ardeur s'exhalant,
Se vit preste à mourir de la mort de Rolant :
Si bien qu'à mon exemple, ainsi que dit l'histoire,
Par tout à gueulle ouuerte on demandoit à boire.

      A BOIRE, A BOIRE.

LA REMONSTRANCE INVTILE.

Iuante image de la Mort,
Perrete à la mine de plastre,
De qui la gueulle sent plus fort
Que ne fait quelque vieille empla-
stre,
Vous qui n'osez marcher de iour,
Osez-vous bien parler d'amour.

Et quoy! vous n'auez plus de dents
Que pour manger de la merde,
De nez que pour les accidents
D'vn pet ou bien d'vne nazerde,
De voix que pour faire du bruict,
Ny plus d'yeux que pour voir la nuict.

Songez à partir de ce lieu,
Vostre Temps a plié bagage,

LA REMONST. INVTILE.

Asseurez-vous qu'il est vn Dieu,
Puis que ie vous tiens ce langage,
Et que mon cœur peut consentir
De vous voir dans le repentir.

Enfermez-vous dans vn Conuent,
Laissez vos desirs à la porte,
Veillez & priez si souuent
D'vne oraison qui vous transporte,
Qu'ainsi vous puissiez voir sans yeux
Qu'en la terre on peut estre aux cieux.

Faites vostre lit d'vn rocher,
Prenez la haire & le cilice,
Gourmandez si bien vostre chair,
Que vous fassiez mourir le vice;
Bref, que pour gaigner Paradis,
Tous vos iours soient des Vendredis.

Mais quoy vous ne m'escoutez pas
Vous riez en hochant la teste,
Ie voy bien que ie pers mes pas,
Par la morguoy, ie suis bien beste,
Rien ne sert de vous exhorter,
Le Diable vous puisse emporter.

CHANSON A BOIRE.

PAyen, Maigrin, Butte, Gilot,
Des Granges, Chasteau-pers, & Dufour le bon falot,
Qu'vn chacun eslise son parrain,
Pour trinquer à ce Prince Lorrain.

Il nous permet qu'en liberté,
Sans aucun compliment on luy porte vne santé;
Beuuons donc, il nous fera raison,
Car il est l'honneur de sa Maison.

Estans parmy les Allemans,
Où son bras à plus fait que n'ont dit tous les Romãs,
Il apprit à suiure les hazars
De Bacchus aussi bien que de Mars.

Pour moy disant ce qui m'en plaist,
C'est de le voir Seigneur de Briosne comme il est,
Ce lieu vaut l'Estat des plus grands Roys,
Puis qu'vn Pot y tient autant que trois.

CHANSON A BOIRE.

Aussi ie veux faire vn serment,
De viure desormais pour le seruir seulement,
Et verser pour ce Prince diuin
Plus de sang que ie n'ay beu de Vin.

Ainsi chantoient au Cabaret,
Le bon gros Sainct Amant, & le vieux pere Faret,
Celebrans l'vn & l'autre à son tour,
La santé du Comte de HARCOVR.
VIVA

SONNET.

ASSIS sur vn fagot, vne pippe à la main,
Tristement accoudé contre vne cheminee,
Les yeux fixes vers terre, & l'ame mutinee,
Ie songe aux cruautez de mon sort inhumain.

L'espoir qui me remet du iour au lendemain
Essaye à gaigner temps sur ma peine obstinee,
Et me venant promettre vne autre destinée,
Me fait monter plus haut qu'vn Empereur Romain.

Mais à peine cette herbe est elle mise en cendre,
Qu'en mon premier estat il me conuient descendre,
Et passer mes ennuis à redire souuent:

Non, ie ne trouue point beaucoup de difference,
De prendre du tabac, & viure d'esperance,
Car l'vn n'est que fumée, & l'autre n'est que vent.

SONNET.

SONNET.

Voicy le rendez-vous des enfans sans soucy,
Que pour me divertir quelquefois ie frequente,
Le Maistre à bien raison de se nommer la plante,
Car il gagne son bien par vne plante aussi.

Vous y voyez Bilot, pasle, morne & transi
Vomir par les nazeaux vne vapeur errante
Vous y voyez Sallard chatoüiller la seruante,
Qui rit du bout du nez en portrait racourcy.

Que ce Borgne à bien plus Fortune pour amie,
Qu'vn de ces Curieux, qui soufflant l'Alchimie,
Le sage deuient fol, & du riche indigent :

Cestuy-là sent enfin sa vigueur consumee,
Et voit tout son argent se resoudre en fumee,
Mais luy de la fumée il tire de l'argent.

SONNET.

Me voyant plus frisé qu'vn gros Compte Allemant,
Le teint frais, les yeux doux, & la bouche vermeille,
Tu m'appelles ton cœur, ton ame, ta merueille,
Et me veux receuoir pour ton plus cher Amant:

Tu trouues mon maintien si graue & si charmant,
Tu sens en mes discours vn tel goust en l'oreille,
Que tu me veux aymer d'vne ardeur nompareille,
Où desormais ta foy sera de diamant.

Pour me donner vn nom qui me soit conuenable,
Cloris, ton iugement est plus que raisonnable,
Quand tu viens m'appeller vn miroir à Putains:

Ie n'en refuse point le tiltre n'y l'vsage,
Il est vray, ie le suis, tes propos sont certains,
Car tu t'es bien souuent miré en mon visage.

SONNET.

Vos attraits n'ont plus rien que l'espée & la cappe,
Vostre Esprit est plus plat qu'vn pied de pelerin,
Vous pleurez plus d'onguent que n'en fait Tabarin,
Et qui voit vostre nez, le prend pour vne grappe.

Vous auez le museau d'vn vieux limier qui lappe,
L'œil d'vn cochon rosty, le poil d'vn lou-marin,
La chair d'vn aloyau lardé de rosmarin,
Et l'embonpoint d'vn gueux qui reclame Esculape

Vous portez comme vn cu longue barbe au manton,
Vostre corps est plus sec que le son d'vn teston,
Vous berçastes iadis l'ayeul de Melusine;

Piece de cabinet, quittez nostre quartier,
Et prenant pour iamais congé de la Cuisine,
Qu'on ne vous trouue plus sinon chez Dumonstier,

SONNET.

Entrer dans le bordel d'vne desmarche graue,
Comme vn Cocq qui s'appreste à iouer de l'ergot,
Demander Ianneton, faire chercher Margot,
Où la ieune Bourgeoise, à cause qu'elle est braue.

Fureter tous les troux, iusqu'au fonds de la caue,
Y rencontrer Perrette, & daubant du gigot
Dancer le branfle double au son du larigot,
Puis y faire festin d'vne botte de raue.

N'y voir pour tableaux que quelques vieux rébus,
Ou bien quelque Almanach qui sema ses abus
L'an de Pantagruel desconfit les andouilles:

Et du haut iusqu'au bas pour tous meubles de pris,
Qu'vne vieille paillasse, vn pot & de quenoüilles,
Voila le passe-temps du Soldat de Cypris.

SONNET.

IE viens de receuoir vne belle missiue
De la Nymphe qui prit mon ame au trebuchet,
Et qui scellant mon cœur de son diuin cachet,
Y voulut imprimer son image lasciue.

Il me fasche desia que cette heure n'arriue,
Où ie dois embrasser la taille de brochet,
Et iamais verolé tapis dessous l'archet,
En suant ne trouua l'Orloge si tardiue.

Phœbus va-t'en fouller tes paillars appetis
Dans les bras amoureux de la belle Thetis,
Elle se plaint qu'au Ciel trop long-tempt tu demeu-
res :

Nuict, couure l'Vniuers de ton noir balanaran,
Et puis que iay le mot iustement à six heure,
Amour conduy l'aiguille au milieu du Cadran.

SONNET.

Fagotté plaisamment comme vn vray Simonnet,
Pied chaussé, l'autre nud, main au nez, l'autre en poche,
I'arpente vn vieux grenier portant sur ma caboche
Vn coffin de Hollande en guise de bonnet.

Là faisant quelques fois le saut du Sansonnet,
Et dandinant du cu comme vn sonneur de cloche,
Ie m'esgueulle de rire, escriuant d'vne broche
En mot de Pathelin ce grotesque Sonnet.

Mes esprits à cheual sur des Cocquesiguës,
Ainsi que Papillons s'envolent dans les nuës,
Y cherchant quelque fin qu'on ne puisse trouuer;

Narguë, c'est trop resuer, c'est trop ronger ses ongles
Si quelqu'vn sçait la ryme il peut bien l'atheuer.

EPIGRAMME.

Maistres des Foux les plus insignes
Qu'on treuue aux petites maisons,
Sots Autheurs, que parmy nos Cygnes
N'estes pour tout que des Oysons,
Que ceste iuste Apologie
Vous fasse par son energie
Respecter Nicandre auiourd'huy,
Bruslez vos infames volumes,
Et n'employez plus contre luy
La commodité de vos plumes:
Ou bien, Oysons, ie vous promets
Qu'il faudra de peur de son ire,
Que ce qui vous sert pour escrire
Vous serue à fuyr desormais.

EPIGRAMME.

THibaut se dit estre Mercure,
Et l'orgueilleux Colin nous iure
Qu'il est aussi bien Appollon
Que Boccan est bon Violon :
Ces deux Autheurs pour la folie,
La fraude, la melancholie,
La sottise, l'impieté,
L'ignorance & la vanité,
Ne sont rien qu'vne mesme chose;
Mais en ce poinct ils sont diuers,
C'est que l'vn fait des vers en prose,
Et l'autre de la prose en vers.

EPIGRAMME.

Vn Poëte à la douzaine
Se vantoit impudemment,
Me discourant de sa veine
Qu'il escriuoit doucement :
Moy, que la raison oblige
A l'en rendre mieux instruit,
Ouy, si doucement, luy di-ie,
Que tu ne fais point de bruit.

EPIGRAMME.

Certes, l'on vit vn triste ieu,
Quand à Paris Dame Iustice,
Pour auoir trop mangé d'espice,
Se mit tout le palais en feu.

EPITAPHE.

Cy gist vn fou nommé Pasquet,
Qui mourut d'vn coup de mousquet
Comme il vouloit leuer la creste :
Quant à moy ie croy que le Sort
Luy mist du plomb dedans la teste
Pour le rendre sage en sa mort.

EPITAPHE.

Cy gist dans ceste triste fosse
Le corps du pauure Iambedossé,
Qui par vn vent traistre & malin,
Fut escrazé dans vn moulin,
Où voulant son blé faire moudre,
Luy-mesme fust reduit en poudre:
Et quoy qu'innocent aduoüé,
Tres-mal heureusement roüé,
L'auanture en est incroyable,
Autant comme elle est pitoyable;
Passant, admire & plein son sort,
Le bon naturel t'y conuie,
Et dy qu'il a treuué la mort
Où les autres treuuent la vie.

FIN.

LA SUITE DES ŒVVRES DV SIEVR DE SAINT-AMANT

A MONSIEVR DE LIANCOVRT.

MONSIEVR,

I'ose dire qu'au present que ie vous fais, ie ne vous offre pas des choses qui soient desagreables, apres tant de tesmoignages aduantageux dont il vous a pleu les honorer, deuant que i'eusse peu me resoudre à les rendre publiques. Ie sçay bien que vostre Approbation doit fermer la bouche à l'enuie, & que toute insolente qu'elle est, elle ne laisse pas de respecter vostre iugement plus que ie ne crains sa malice. Mais, MONSIEVR, quelques outrages que i'en puisse receuoir ils ne sçauroient iamais estre assez grands, pour esgaler la gloire que i'ay d'auoir quelque part en vostre estime. Le comble de vos bonnes graces, & de vous pouuoir donner de plus solides preuues que celles-cy de l'extréme passion que i'ay à vous honorer, afin de me rendre moins indigne de la qualité.

MONSIEVR, de

Vostre tres-humble & tres-
obeyssant seruiteur,
SAINT-AMANT.

TABLE DES PIECES
CONTENVES EN CETTE SVITE.

LE Soleil Leuant,	fol. 223
Le Melon,	fol. 231.
Le Poëte Crotté,	fol. 244.
La Creuaille,	fol. 267.
Orgye,	fol. 271.
Le Tombeau de Marmousette,	fol. 272.
Le Peresseux,	fol. 275.
Les Goinfres,	fol. 276.

LA SVITE DES OEVVRES DV SIEVR DE SAINT-AMANT.

LE SOLEIL LEVANT.

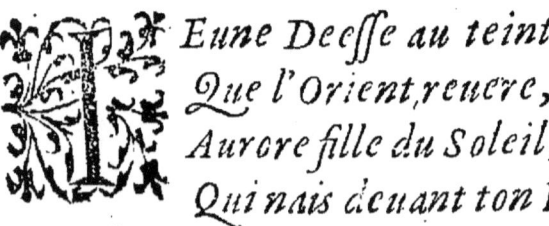Eune Deeſſe au teint vermeil,
Que l'Orient, reuere,
Aurore fille du Soleil,
Qui nais deuant ton Pere,
Vien ſoudain me rendre le iour,
Pour voir l'obiet de mon amour.

Certes la nuict a trop duré,
Deſia les Cocqs t'appellent:
Remonte ſur ton char doré,

LE SOLEIL LEVANT.

Que les Heures attellent,
Et vien monstrer à tous les yeux
De quel esmail tu peins les Cieux.

Laisse ronfler ton vieux mary
Dessus l'oisiue plume,
Et pour plaire à ton fauory
Tes plus beaux feux r'allume;
Il t'en coniure à haute voix,
En menant son limier au bois.

Mouille promptement les guerets
D'vne si fraische rosee,
Afin que la soif de Ceres
En puisse estre appaisee,
Et fay qu'on voye en cent façons,
Pendre tes perles aux buissons.

Hà! ie te voy douce clarté
Tu sois la bien venuë:
Ie te voy celeste beauté
Paroistre sur la nuë,
Et ton estoille en arriuant
Blanchit les Costaux du Leuant.

Le silence & le morne Roy
Des visions funebres

Prennent

LE SOLEIL LEVANT.

Prennent la fuite deuant toy
Auecque les tenebres :
Et les Hyboux qu'on oit gemir
S'en vont chercher place à dormir.

 Mais au contraire les oyseaux
Qui charment les oreilles,
Accordent au doux bruit des eaux
Leurs gorges nompareilles,
Celebrans les diuins appas,
Du grand Astre qui suit tes pas.

 La Lune qui le voit venir
En est toute confuse :
Sa lueur preste à se ternir,
A nos yeux se refuse,
Et son visage à cét abord
Sent comme vne espece de mort.

 Le voila sur nostre Horison
En sa pointe premiere :
O que l'Ethiope a raison
D'adorer sa lumiere !
Et qu'il doit priser la couleur
Qui luy vient de cette chaleur.

 C'est le Dieu sensible aux humains,

P

LE SOLEIL LEVANT.

C'est l'œil de la Nature;
Sans luy les œuures de ses mains
Naistroient à l'aduanture,
Où plutost on verroit perir
Tout ce qu'on voit croistre & fleurir.

 Aussi pleine d'vn sainct respect,
Quand le iour se r'allume,
La terre à ce diuin aspect
N'est qu'vn Autel qui fume,
Et qui pousse en haut comme encens
Ses Sacrifices innocens.

 Au vif esclat de ses rayons
Flatté d'vn gay Zephire,
Ces monts sur qui nous le voyons
Se changent en Porphyre,
Et sa splendeur fait de tout l'air
Vn long & gracieux esclair.

 Bref, la Nuict deuant ses efforts
En ombres separée,
Se cache derriere les corps
De peur d'estre esclairée,
Et diminuë, ou va croissant
Selon qu'il monte, ou qu'il descent.

LE SOLEIL LEVANT.

Le Berger l'ayant reueré
A sa façon champestre,
Et vn lieu frais & retiré
Meine ses brebis paistre,
Et se plaist à voir ce Flambeau
Si clair, si serain, & si beau.

L'Aigle dans vne aire à l'escart
Estendant son plumage,
L'obserue d'vn fixe regard,
Et luy rend humble hommage,
Comme au feu le plus animé,
Dont son œil puisse estre charmé.

Le Cheureil solitaire & doux
Voyant sa clarté pure
Briller sur les fueilles des houx,
Et dorer leur verdure,
Sans nulle crainte du Veneur,
Tasche à luy faire quelque honneur.

Le Cygne ioyeux de reuoir
Sa renaissante flamme,
De qui tout semble receuoir
Chaque iour nouuelle ame,
Voudroit pour chanter ce plaisir
Que la Parque le vint saisir.

LE SOLEIL LEVANT

Le Saulmon dont au renouueau
Thetis est despourueuë,
Nage doucement à fleur d'eau,
Pour iouyr de sa veuë,
Et monstre au Pescheur indigent
Ses riches escailles d'argent.

L'Abeille pour boire des pleurs
Sort de sa ruche aimée,
Et va succer l'ame des fleurs,
Dont la plaine est semée;
Puis de cét aliment du Ciel,
Elle en fait la Cire & le Miel.

Le gentil Papillon la suit
D'vne aisle tremoussante;
Et voyant le Soleil qui luit
Vole de plante en plante,
Pour les aduertir que le iour
En ce Climat est de retour.

Là dans nos iardins embellis
De mainte rare chose,
Il porte de la part au Lys
Vn baiser à la Rose,
Et semble en Messager discret
Luy dire vn amoureux secret.

LE SOLEIL LEVANT.

Au mesme temps il semble à voir,
Qu'en esueillant ses charmes,
Ceste belle luy fait sçauoir
Le teint baigné de larmes;
Quel ennuy la va consumant
D'estre si loin de son Amant.

Et mesme elle luy parle ainsi
En son muet langage,
Helas! ie deuiendray soucy
Au malheur qui m'outrage,
Si de ma fidelle amitié
Mon fier Destin ne prend pitié.

Amour sur moy comme vainqueur
Exerce ses rapines,
Et moins en mes bras qu'en mon cœur
Ie porte des espines;
Mais ie ne viuray pas longtemps,
C'est le seul bien ou ie m'attens.

Encore si pour reconfort
Quelques beaux doigts me cueillent
Auant que par vn triste Sort
Tous mes honneurs s'effueillent,
Ie n'auray rien à desirer,
Et finiray sans murmurer.

LE SOLEIL LEVANT.

Reyne des Fleurs appaise toy,
Voicy venir Syluie,
Qui t'apporte en elle dequoy
Contenter ceste enuie:
Car sa main de lys à dessein
De te loger en son beau sein.

LE MELON

Qvelle odeur sens-ie en cette Chambre?
Quel doux parfum de Musc, & d'Ambre
Me vient le cerueau resiouyr,
Et tout le cœur espanouyr?
H à bon Dieu! i'en tombe en extase;
Ces belles fleurs qui dans ce Vase
Parent le haut de ce Buffet,
Feroient-elles bien cét effet;
A ton bruslé de la pastille?
N'est-ce point ce vin qui petille
Dans ce Cristal, que l'Art humain
A fait pour couronner la main?
Et d'où sort quand on en veut boire
Vn air de Framboise, à la gloire
Du bon terroir, qui l'a porté
Pour nostre eternelle santé;
Non, ce n'est rien d'entre ses choses
Mon penser, que tu me proposes.
   Qu'est-donc? Ie l'ay descouuert

LE MELON.

Dans ce panier remply de vert,
C'est vn Melon, où la Nature,
Par vne admirable structure,
A voulu grauer à l'entour
Mille plaisans chiffres d'Amour,
Pour claire marque à tout le monde,
Que d'vne amitié sans seconde
Elle cherit se doux manger,
Et que d'vn soucy mesnager
Trauaillant aux biens de la terre,
Dans ce beau fruict seule elle enserre
Toutes les aimables vertus,
Dont les autres sont reuestus.

Baillez-le moy, ie vous en prie,
Que i'en commette idolatrie;
O quel odeur! qu'il est pesant!
Et qu'il me charme en le baisant!
Page, vn cousteau que ie l'entame:
Mais qu'auparauant on reclame,
Par des soins au deuoir instruits,
Pomone qui preside aux fruits,
Afin qu'au goust il se rencontre
Aussi bon qu'il a belle montre,
Et qu'on ne trouue point en luy
Le deffaut des gens d'auiourd'huy.
Nostre priere est exaucée,
Elle a reconnu ma pensée,

LE MELON.

C'en est fait, le voila couppé,
Et mon espoir n'est point trompé,
O Dieux, que l'esclat qu'il me lance,
M'en confirme l'excellence:
Qui vit iamais vn si beau teint?
D'vn iaune sanguin, il se peint:
Il est massif iusques au centre,
Il a peu de grains dans le ventre;
Et ce peu là, ie pense encor
Que ce soient autant de grains d'or;
Il est sec, son escore est mince:
Bref, c'est vn vray manger de Prince,
Mais bien que ie ne le sois pas,
I'en feray pourtant vn repas.

Hà! soustenez-moy, ie me pâme,
Ce morceau me chatoüille l'Ame,
Il rend vne douce liqueur,
Qui me va confire le cœur,
Mon appetit se rassasie
De pure & nouuelle Ambroisie;
Et mes sens par le goust seduits,
Au nombre d'vn sont tous reduits.

Non le Cocos, fruict delectable,
Qui luy tout seul fournit la table
De tous le mets que le desir
Puisse imaginer & choisir,
Ny les baisers d'vne Maistresse,

Quand elle mesme nous caresse,
Ny ce qu'on tire des roseaux,
Que Crete nourrit dans ses eaux,
Ny le cher Abricot que i'aime,
Ny la fraise auecque la cresme,
Ny la Manne qui vient du Ciel,
Ny le pur aliment du Miel,
Ny la Poire de Tours sacrée,
Ny la verte figue succrée,
Ny la Prune au ius delicat,
Ny mesme le Raisin muscat,
(Parole pour moy bien estrange)
Ne sont qu'amertume & que fange
Au prix de ce Melon diuin,
Honneur du climat Angeuin.
Que, di-ie, d'Aniou ? ie m'abuse,
C'est vn fruict du crû de ma Muse,
Vn fruict de Parnasse esleué,
De l'eau d'Hypocrene abreuué,
Mont, qui pour les Dieux seuls rapporte
D'excellents fruicts de cette sorte,
Pour estre proche du Soleil,
D'où leur vient ce goust nompareil:
Car il ne seroit pas croyable
Qu'vn lieu commun, quoy qu'agreable,
Eust pû produire ainsi pour nous
Rien de si bon, ny de si doux.

LE MELON.

O viue source de lumiere!
Toy dont la routte coustumiere
Illumine tout l'Vniuers;
Phœbus, Dieu des Fruicts & des Vers
Qui tout vois, & qui tout embrasses,
Icy ie te rends humbles graces
D'vn cœur d'ingratitude exent,
De nous auoir fait ce Present:
Et veux pour quelque recompense
Dire en ce lieu ce que ie pense,
Et de ce Melon, & de toy
Suiuant les signes que i'en voy;
Mais, que tandis, ô chere Troupe,
Chacun laisse en repos la Coupe,
Car ce que ie vous vay chanter
Vaut bien qu'on daigne l'escouter.

Apres que Iupiter auecque son Tonnerre
Eut fait la pettarrade aux Enfans de la terre,
Et que les Dieux lassez reuindrent du combat,
Où Pan perdit ses gands, Appollon son rabat,
Mars l'vn de ses souliers, Pallas vne manchette,
Hercule par vn trou l'argent de sa pochette,
Mercure vne iartierre, & Bachus son cordon,
Pour s'estre dans les coups iettez à l'abandon;
Apres, di-ie, ce chocq, où l'Asne de Silene
Aux plus mauuais Garçons fit enfin perdre haleine,
Par l'extresme frayeur que sa voix leur donna,

De quoy le Ciel fremit & l'Enfer bourdonna,
On dit qu'il fut conclu qu'en signe de victoire,
Tout le reste du iour se passeroit à boire,
Et que chacun d'entr'eux fournissant au banquet,
Apporteroit son mets troussé comme vn pacquet.

 Soudain de tous costez sur l'Olympe se virent,
Plats deçà, plats delà, que des Nymphes seruirent,
Le bras nud iusqu'au coude, & le sein descouuert,
Orné de quelque fleur auec vn peu de vert.

 Ce Dieu qui des premiers authorisa l'Inceste,
Deuant qui les plus grands de la trouppe celeste,
Plus petits que Cirons, de peur de le fascher
N'oseroient seulement, ny tousser, ny cracher;
L'audacieux Iupin, pour commencer la dance,
Et presenter à l'œil dequoy garnir la pance,
Fait apporter pour soy dans vn bassin de prix
Quantité de gibbier que son Aigle auoit pris.

 La superbe Iunon, qui dans vne charette
Que des Pans font rouler, fait souuent sa retraite,
En l'Empire certain des Animaux volans,
Prit de la main d'Iris vn bouquet d'Ortolans,
Qui fleurissoit de graisse, & conuioit la bouche
A luy donner des dents vne prompte escarmouche,
Durant qu'il estoit chaud, & qu'il s'en exhaloit
Vn gracieux parfum que le nez aualoit.

 Le compere Denis à la trongne vermeille,
Qui veut tousiours chifler mesme quand il sommeille

LE MELON.

Rendant de son pouuoir Ganimede esbahy,
Voulut que le Nectar fist place au vin d'Ay,
Dont il fit apporter par ses folles Menades,
Qui faisoient en hurlant mille Pantalonnades,
Cinquante gros flaccons remplis iusques aux bords,
Pour le plaisir de l'ame, & pour le bien du corps.

 La Deesse des Fours, des Moulins, & des Plaines
Où l'œil du bon Pitaut voit l'espoir de ses peines;
Celle qui s'esclairant de deux flambeaux de Pin,
A force de trotter vsa maint escarpin,
En cherchant nuict & iour la Domzelle rauie,
Ceres au crin doré le soustien de la vie,
Munit les Assistans, au lieu de pain mollet,
De biscuits à l'eau rose, & de gasteaux au laict.

 Celuy qui sur la Mer impetueuse & fiere,
En son humide main porte vne Fourchefierie:
Dont il rosse les Flots quand ils font les mutins,
Excitez par les vents, qui sont leurs vrais Lutins,
Fit seruir deuant luy par la fille de chambre
De Madame Tethis, vn plat d'Huistres à l'Ambre,
Que l'vn de ses Tritons, non pas sans en gouster,
Du fonds de l'Ocean luy venoit d'apporter.

 Celle qui sur vn Mont sa chasteté diffame,
La Princesse des Fols, qui comme Sage-femme
Assiste à ce trauail où l'on pisse des os,
Et dont elle deliure en disant certains mots;
Diane au front cornu, de qui l'humeur sauuage

Ne se plaist qu'aux Forests à faire du rauage,
Fit mettre sur la table vn Fan de Daim rosty,
Que d'vne sauce à l'Ail on auoit assorty.

 Le Forgeur écloppé, qui fait son domicile
Parmy les Pets-flambants que lasche la Sicile,
Ce beau fils qui se farde auecque du charbon,
Fit porter par Sterope vn monstrueux Iambon,
Et six langues de Bœuf, qui depuis mainte année,
En grand pontificat ornoient sa cheminée,
Où tout expressément ce Patron des Cocus
Les auoit fait fumer pour donner à Bacchus.

 La Garce qui nasquit de l'excrement de l'Onde,
Pour courir l'esguillette en tous les lieux du Monde
Venus la bonne Cagne aux paillards appetits,
Sçachant que ses Pigeons auoient eu des petits
En fit faire vn pasté, que la grosse Eufrosine,
Qui se connoist des mieux à ruer en Cuisine,
Elle mesme apporta plein de culs d'Artichaud,
Et de tout ce qui rend celuy de l'homme chaud.
Le Bouc qui contraignit la Nymphe des quenoüilles
De se precipiter dans les bras des Grenoüilles,
Pour sauuer son honneur qu'il voulut escroquer,
En l'ardeur dont Amour l'estoit venu picquer,
Pan le Roy des Flusteurs, de qui dans l'Arcadie,
Les trouppeaux de Brebis suiuent la melodie,
Honora le Festin d'vn Agneau bien lardé,
Que des pattes du Loup son Chien auoit gardé.

LE MELON.

*Et bien que l'on eust creu qu'en cet acte rebelle,
La Vieille au cul crotté, la terrestre Cybelle,
Des orgueilleux Geans eust tenu le party,
Auquel en demeura pourtant le desmenty,
Elle ne laissa pas, quittant Phlegre à main gauche,
Comme mere des Dieux d'estre de la desbauche,
Et de leur apporter, se traisnant au baston,
Des Champignôs nouueaux, cuits au ius de Mouton.
Le Seigneur des Iardins, que les herbes reuerent,
Et Vertumne & Pomone ensemble s'y trouuerent
D'Asperges, de Pois verds, de Salades pourueus,
Et des plus rares fruicts que iamais on eust veus;
Bref, nul en ce banquet, horsmis le vieux Saturne,
Qui flatté d'vn espoir sanglant & taciturne
Du complot de Typhon auoit esté l'Autheur:
Nul, di-ie, horsmis Mars le grand Gladiateur,
Nul horsmis le Thebain, qui charge son espaule
D'vn arbre tout entier en guise d'vne gaule:
Nul horsmis la Pucelle aux doigts laborieux,
Qui de ceux d'Arachné furent victorieux,
Et nul horsmis Mercure en ceste illustre bande
Ne vint sans apporter, par maniere d'offrande,
De quoy faire ripaille, ainsi que l'auoit dit
Celuy qui sur l'Olympe a le plus de credit.
Encore entre ceux-là, l'Histoire represente
Que si de rien fournir Minerue fut exente,
C'est pour l'amour du soin qu'elle voulut auoir*

De mettre le couuert, où la Belle fit voir
Maint œuure de sa main superbement tissuë,
Que quand au bon Hercule auecque sa massuë,
C'est qu'il estoit alors, pour garder ses amis,
En qualité de Suisse à la porte commis,
Que quand au Furibond, au traisneur de rapiere
Au Soldat Tracien, qui d'vne ame guerriere
Employe à s'habiller enclumes & marteaux,
C'est qu'il eut le soucy d'aiguiser les cousteaux,
Et que pour le Causeur à la mine subtile,
De qui la vigilance aux Festins est vtile.
Et qu'il n'entreprend rien dont il ne vienne à bout
C'est qu'il s'estoit chargé de donner ordre à tout.
Or pour venir au poinct que ie vous veux deduire,
Où ie prie aux bons Dieux qu'ils me vueillēt cōduire
Vous sçaurez, Compagnons, que parmi tant de mets
Qui furent les meilleurs qu'on mangera iamais
Et parmy tant de fruicts, dont en cette Assemblée,
Au grand plaisir des sens la table fut comblée,
Il ne se trouua rien à l'esgal d'vn MELON,
Que Thalie apporta pour son maistre Apollon,
Que ne fut-il point dit en celebrant sa gloire?
Et que ne diroit-on encor à sa memoire?
Le temps qui frippe tout, ce Gourmand immortel
Iure n'auoir rien veu ny rien mangé de tel;
Et ce grand Reprencur qui d'vne aigre censure,
Vouloit que par vn trou l'on nous vist la fressure?
Mome

LE MELON.

Homme le medisant fut contraint d'avoüer,
Que sans nulle Hyperbole on le pouuoit loüer.
  Dés qu'il fut sur la Nappe vn aigu cry de ioye
Donna son corps de vent aux oreilles en proye,
Le cœur en tressaillit, & les plus friands nez
D'vne si douce odeur furent tous estonnez:
Mais quand ce vint au goust ce fut bien autre chose,
Aussi d'en discourir la Muse mesme n'ose:
Elle dit seulement qu'en ce diuin Banquet,
Il fit cesser pour l'heure aux femmes le caquet.
  Phœbus qui le tenoit, sentant sa fantaisie
D'vn desir curieux en cét instant saisie,
En couppe la moitié, la crueuse proprement;
Bref, pour finir le conte, en fait vn Instrument,
Dont la forme destruit & renuerse la Fable
De ce qu'on a chanté, que iadis sur le sable
Mercure trouuant mort vn certain Limaçon,
Qui vit par fois en beste, & parfois en poisson,
Soudain en ramassa la Cocque harmonieuse,
Auec quoy, d'vne main aux Arts ingenieuse,
Aussi bien qu'aux Larcins, tout à l'heure qu'il l'eut
Au bord d'vne Riuiere il fit le premier Lut.
  Ainsi de cette escorce en beauté sans pareille,
Et fabriqué là haut ce charmeur de l'oreille,
D'où sortit lors vn son, par accens mesuré,
Plus doux que le manger qu'on en auoit tiré:
Là maintes cordes d'arc en grosseur differantes,

LE MELON.

Sous les doigts d'Apollon chanterent des courantes,
Là mille traicts hardis entremeslez d'esclats,
Firent caprioller les pintes & les plats ;
Le plus graue des Dieux en dansa de la teste,
Et le plus beau de tous pour accomplir la feste,
Ioignant à ses accords son admirable vois
Desconfit les Titans vne seconde fois.

 Voilà, chers Auditeurs, l'effect de ma promesse ;
Voilà ce qu'au iardin arrousé du Permesse
Terpsicore au bon bec, pour qui i'ay de l'amour,
En voyant des Melons me prosna l'autre iour.
I'ay trouué qu'à propos ie pouuois vous l'apprendre,
Pour descharger ma ratte, & pour vous faire enten-
Que ie croy que ce fruict, qui possede nos yeux (dre
Prouient de celuy là qui brifferent les Dieux :
Car le Roy d'Helicon, le Demon de ma veine,
Dans le coin d'vn mouchoir en garda de la graine,
Afin que tous les ans il en pût replanter
Et d'vn soin liberal nous en faire gouster.

 O manger precieux ! delices de la bouche !
O doux reptile herbu, rampant sur vne couche !
O beaucoup mieux que l'or, chef-d'œuure d'Apollon !
O fleur de tous les fruicts ! ô rauissant Melon !
Les hommes de la Cour seront gens de parole,
Les bordels de Roüen seront francs de verole,
Sans vermine & sans galle on verra les Pedents,
Les preneurs de petun auront de belles dents,

LE MELON.

Les femmes des badauts ne seront plus coquettes,
Les corps pleins de santé se plairont aux cliquettes,
Les Amoureux transis ne seront plus ialous,
Les paisibles Bourgeois hanteront les Filous,
Les meilleurs cabarets deuiendront soliteres,
Les chantres du pont-neuf diront de hauts misteres
Les pauures Quinze-vingts vaudront trois cents
    Argus,
Les esprits doux du temps paroistront fort aigus?
Maillet fera des vers aussi-bien que Malherbe,
Ie hayray Faret, qui se rendra superbe,
Pour amasser des biens auare ie seray,
Pour deuenir plus grand mon cœur i'abaisseray,
Bref, ô Melon succrin, pour t'accabler de gloire,
Des faueurs de Margot ie perdray la memoire,
Auant que ie t'oublie, & que ton goust charmant,
Soit biffé des cayers du bõ gros SAINT-AMANT

LE POETE CROTTÉ.

A MONSEIGNEVR LE DVC DE RETS.

Dans cette Satyre ioyeuse,
Plusieurs se sentiront pincer,
D'vne façon ingenieuse,
Qui ne pourront s'en offencer.

Lyon ma petite camuse,
De grace enfle ta cornemuse,
Pour estonner d'vn chant falot,
Non les desbauches de Bilot,
Qui prest de descendre en l'Auerne
Estendu contre vne Tauerne,
Dont il adoroit le locquet,
En iettant le dernier hocquet,
Comme il entendit crier Masse,
Soudain d'vne voix graisle & basse
Respondit Toppe, & puis mourut,

CROTTE.

D'vne broche qui le ferut;
Non, di-ie, pour profner fa gloire,
A vaincre Bachus mefme à boire,
Mais pour chanter, & mettre au iour
L'adieu du Poëte à la Cour.

Mon DVC, de qui fans flatterie,
Picqué d'vne noble furie
I'efleuerois le nom aux Cieux,
A la honte de tous les Dieux,
Si les regles de la Satyre
Aucun bien pouuoient laiffer dire,
Dans voftre mal vueillez ouyr
Ces vers faits pour vous refiouyr:
Peut-eftre que vos medecines,
Vos bains, vos huilles, vos racines
N'apporteront pas tant du leur
A foulager voftre douleur;
Puis qu'on tient pour chofe certaine,
Que pour appaifer voftre paine,
Le plaifir eft vn appareil,
Que n'a nul autre pareil.

Quant eft de moy malgré ma iambe,
Où le feu fainct Antoine flambe,
Malgré mon pauure bras defmis,
Au grand regret de mes amis:
En maint endroit leur rime platte
M'a fait efpanoüir la ratte:
Mais il eft temps de commencer,

Debout, Margot, il faut dancer.

Lors que ce Chardon de Parnasse,
Ce vain espouuentail de Classe,
Ce pot pourry d'estranges mœurs
Ce Moine bourru des Rimeurs,
Ce chalant de vieille Tripiere,
Ce Faquin orné de rapiere,
Cet esprit chaussé de trauers,
Ce petit fagoteur de vers
Vid sa pauure Muse chifflée,
Et son esperance befflée.
Apres auoir esté vingt ans
Vn des plus plus parfaits Sots du temps
Et s'estre veu par son merite
Fol de la Reine Marguerite,
Qui l'estimoit, Dieu sçait combien!
C'est à dire autant comme rien:
A la fin saoul de chiquenaudes,
De taloches, de gringuenaudes,
D'ardentes mouches sur l'orteil,
Des camouflets dans le sommeil,
Des pets en coque à la mostache,
De papiers qu'au dos on attache,
D'enfler mesme pour les Laquais,
Des bernemens, de sobriquets,
De coups d'espingles dans les fesses,
Et de plusieurs autres caresses,
Que dans le Louure on lui faisoit,

Quand son Diable l'y conduisoit,
Il lui prit, quoy que tard, enuie
D'aller ailleurs passer sa vie,
Et laissant Paris en ce lieu,
Lui dire pour iamais Adieu.
Mais auant qu'il ouure la bouche,
Ie luy veux donner vne touche
De mon Pinceau pour l'habiller
Tant qu'on s'en puisse esmerueiller.
 Vn feustre noir blanc de vieillesse,
Garni d'vn beau cordon de Gresse,
Qu'il ne sçauroit auoir perdu,
Non plus qu'engagé ni vendu,
Sans se voir aussi-tost nu teste,
Couuroit la hure de la teste,
Troussé par deuant en Saint Roc,
Auec vne plume de Coc,
Son pourpoint, sous qui maint pou gronde,
Montroit les dents à tout le monde,
Non de fierté mais de douleur
De perdre & matiere & couleur.
 Il fut iadis d'vn drap minime,
Mais qu'est-ce que le temps ne lime?
Le pauure Diable a fait son cours,
Autant puisse durer mes iours.
 La moitié d'vne peccadille,
Sur qui sa Criniere pandille,
Affreuse & sentant le Sabat,

Luy seruoit au lieu de rabat.
  Des Gregues d'vn faux Satin iaune,
D'vn costé trop longues d'vne aulne,
Et de l'autre au bouillon troussé,
Reliques d'vn ballet dansé,
Qu'vn Gallant coiffé d'vne Dame
Luy donna pour son Anagrame,
Auec vn demy quart-d'escu,
Enharnachoient son chien de cu.
  Vn Rocquet de Bourraçan rouge,
Qui iamais de son dos ne bouge
L'affublant quoy qu'il fut Hyuer,
Et qu'il fut rongé de maint Ver.
  Vne estroite iartiere grise,
Faite d'vn vieux lambeau de frise,
En zodiaquant le Gipon,
Seruoit d'escharpe à mon Fripon,
Et traisnoit comme à la charruë
Pour soc, vn fleuret par la ruë,
Dont il labouroit le paué,
Lequel en estoit tout caué.
Ses iambes, pour paistrir les crottes
S'armoient à cru de vieilles bottes,
L'vne en Pescheur, d'vn gros cuir noir
La plus grande qui se pust voir,
L'autre d'vn cuir blanc de Russie
A genoüillere racourcie,
L'vne à pied-plat, à bout pointu,

Et l'autre à pont-leuis tortu.

Vn petit esperon d'Engliche,
A la garniture assez chiche,
Ergottoit son gauche talon,
Quant au droit, le bon Violon
N'y portoit rien qu'vne ficelle,
Pour en soustenir la semelle,
Qui comme vn fruict mur ou pourry,
Laissant l'arbre qui l'a nourry
Par vne soudaine tempeste,
A tous coups estoit toute preste
De quitter en se remuant,
La plante de son pied puant.

En ce ridicule équipage,
Chargé de son petit bagage,
Tirant pays seul & dispos
Il debagoula ces propos.

Ville ou i'ay tant traisné mes guestres,
Que i'en dois mieux sçauoir les estres,
Qu'vn Rat ne fait de son grenier,
Ie te chante l'Adieu dernier,
Adieu doncques Paris sur Seine,
Seine Riuiere, humide & pleine,
A Sanitas, nommée ainsi,
Comme dit quelque Autheur chansi:
Adieu Paris, Cité superbe,
Paris sans pair, rare prouerbe!
Qui montre en cachant mille appas,

Que Vaugirard ne te vaut pas,
Adieu Pont-neuf, sous qui l'eau passe
Si ce n'est qu'en Hyuer la glace;
Car adonc ne bougeant d'vn point,
Elle est ferme, & ne passe point:
Adieu Roy de Bronze ou de Cuyure,
Qu'à pied l'on peut aisément suiure,
Quoy que vous soyez à cheual
Sans aller par mont ny par val.

 Adieu belle place Dauphine,
Où l'Eloquence se raffine,
Par ces Basteleurs, ces Marmots,
De qui i'ay pris tant de bons mots,
Pour fabriquer mes Epigrames,
Bons mots, qui plus pointus que lames
Font qu'on ne peut sans se picquer,
En torche-culs les appliquer.

 Adieu vous que tout au contraire
I'ay souuent fourny de quoy braire:
Chantres, l'honneur des Carrefours
Et des Ponts, ou d'vne voix d'Ours,
Et d'vne bouffone grimace
Vous charmez le sot Populace,
Tandis qu'vn Mattois, non en vain,
Essaye à faire vn coup de main.

 Adieu blonde Samaritaine,
Que sans peur des Tireurs de laine
Pour n'auoir n'argent, ny manteau,

CROTTE'.

En venant du royal Chasteau
I'ay veu cent fois aux heures sombres,
Lors que l'opacité des ombres
Absconce tout ce qui treluit
Dessous la cappe de la nuit.
 Adieu belles Rostisseries,
De moy si vainement cheries,
Où i'ay veu fumer d'aloyaux,
Qui plus valoient que les ioyaux;
Qui decoroient le Pont au Change
Deuant ce traistre esclandre estrange
Qui plus promptement qu'vn esclair,
Luy fit faire le saut en l'air.
 Adieu le Roy des Testes-folles
Grand Erty, qui dans les escolles
Qu'on tient aux petites Maisons,
Fait rire iusques aux tisons:
Las! de quelle perseuerance
Paty ay-ie, sous esperance
D'obtenir quelque iour du sort
Ta noble place en cas de mort;
Place que i'eusse demandée,
Et qu'on m'eut sans faute accordée,
Nul n'en pouuant, comme ie croy,
La charge mieux faire que moy.
 Adieu Palais, où la Iustice
Ne mange que du Pain d'espice,
Et ne fait boire à ses Regents

Que la sueur des sottes gens,
Qui pour un zest, pour une paille,
Bouttans iusqu'à l'vltime maille,
Apprennent à leurs Hoirs en fin
Que cil qui plaide est moult peu fin.

   Quant à toy gros Louure effroyable.
Pour Adieu ie te donne au Diable,
Le Roy dehors, cela s'entant,
Et les Reines qui valent tant,
Ouy bien de bon cœur, ie t'y donne,
Ie te dis moy-mesme en personne,
Pour les niches, pour les tourmens,
Que dans tous tes departemens
On m'a faits depuis tant d'années
Tourments que les Ames damnées
Trouueroient pires aux Enfers,
Ny que leurs feux, ny que leurs fers,
Voyez vn peu que c'est du monde!
Et combien est sot qui s'y fonde!

   Ie me souuiens qu'au temps passé
Des plus grands i'estois caressé,
Ils me tenoient pour habile homme,
Peu s'en faut que ie ne les nomme,
Pour monstrer qu'ils ne sçauent rien,
Mais nul ne m'orroit aussi bien,
S'il se faisoit galanterie,
Course, Carouzel, Momnerie,
Combat de barriere, Ballet,

CROTTÉ.

S'il falloit chanson ou poulet,
I'estois leur mon-cœur, leur mon-Maistre,
Leur ame m'ouuroit la fenestre
Pour m'exhiber tous ses secrets,
Tous ses plaisirs, tous ses regrets,
C'est à dire mille sottises:
Ie leurs fournissois de deuises,
De beaux couplets, de hauts discours,
Enfin i'estois tout leur recours;
O faux galands! ô hapelourdes!
Que vous auez les testes lourdes!
Quoy qu'elles soient creuses pourtant,
Et que l'air soit mis inconstant.
Quand on vous monstre ou vers ou prose,
Feignans d'y sçauoir quelque chose.
Vous sousriez, & faites bon,
Mais à contre-temps, c'est le bon,
Si l'amour à soy vous attire,
Vous demandez vne Satire,
A la loüange des beaux yeux,
Qui sont vos Soleils & vos Dieux,
Où vous priez que l'on vous fasse
Sur tous les attraits d'vne face,
Autant de long que de trauers,
Quelque beau quatrain de six vers.
Si dessus vn nom d'importance
On vous dit quelque sotte Stance,
Vous l'exaltez par des transports,

En grimaſſant d'ame & de corps :
Et ſi d'vn nom qu'on chiffle au louure,
Quelque ouurage excellent on couure,
En le prononçant vilement,
Vous ne l'eſtimez nullement.
Si vous oyez vne equiuoque
Vous iettez d'aiſe voſtre toque,
Et prenez ſon ſens mal autru,
Pour vn des bons mots de Bautru.
I'ay veu qu'vn Sonnet accroſtiche,
Anagrammé par l'Emiſtiche,
Auſſi bien que par les deux bouts,
Paſſoit pour miracle chez vous.
I'ay veu que vous preniez des noiſes
Pour les Marguerites Françoiſes,
Et qu'enſſiez ioüé des coutteaux,
Pour Nerueze, & pour Eſcuteaux,
Et depuis peu meſme la Serre,
Qui liures ſur liures deſſerre,
Duppoit encore vos eſprits
De ſes impertinents eſcrits,
Non, non, ie ne ſuis pas ſi beſte,
Quelque longue que ſoit ma teſte
Que ie ne recognoiſſe bien,
Que vous l'eſtes, ou n'eſtes rien.
 Adieu Dames & Damoiſelles
Autant les laides que les belles,
ſi par fard on peut meriter,

CROTTE.

Ce nom de Belle, & le porter,
Allez au Cours, aux Tuilleries,
Faites-y force drolleries,
Mais il n'en est pas la saison,
Ne bougez donc de la maison:
J'entends ne bougez de la ville
Et là d'une humeur bien ciuile,
Entre-visitez-vous souuent,
Puis feignant d'aller au Conuent,
Glissez-vous en robbe discrette,
Chez la confidante secrette,
Où vous attend le financier,
Auec boutique de Mercier,
Et collation preparée,
Pour passer toute la soirée:
Pendant que l'amoureux de Cour,
Souspire en vain pour vostre amour,
Encore vn coup, ô belle bande!
Pour adieu ie vous recommande,
Si vous n'auez pire Destin,
Aux successeurs de Roquentin.

 Adieu vous qui me faites rire,
Vous Gladiateurs du bien dire,
Qui sur vn pré de papier blanc
Versant de l'encre au lieu de sang,
Quand la guerre entre-vous s'allume,
Vous entre-bourrez d'vne plume,
D'vn cœur doctement Martial,

Pour le sceptre eloquential.
A propos, Messieurs, quand i'y songe,
Que ie voy quel soucy vous ronge,
Et le dessein que vous auez,
Parbieu cela n'est pas mauuais,
Ou soit en vers, ou soit en prose,
Que vous disputiez d'vne chose
Qui sans doutance m'appartient,
A ce que l'oliue te tient,
I'en eusse dict ma rattelee,
En me fourrant dans la meslee,
Mais ie ne suis pas si badin,
L'aduenture du Paladin,
Me fait tressaillir de l'espaule,
Ie redoute en Diable la Gaule,
Et m'est aduis que sur mon dos
Ie ne sens desia que fagots.

Adieu vrais Theatres Comiques,
Belles maisons Academiques,
Les ordinaires rendez-vous,
Des esprits forts, des esprits dous,
Des Eloquens, des gens d'intrigue,
Des cœurs de l'amoureuse brigue,
Des complaissans applaudisseurs,
Et des raffinez polisseurs.

Quel plaisir d'estre en vne chaise,
Chez vous bien assis à son aise,
Dans vne ruelle de lit,

CROTTE.

Où Madame s'ensevelit,
Loin du iour, de peur qu'on ne voye,
Que son muffle est vne monnoye
Qui n'est plus de mise en ce temps,
Et qu'elle a bien neuf fois sept ans.

 Là l'vn lit, là l'autre censure,
Donnant à tout double tonsure
L'vn se refrogne & ne dit mot,
L'autre nigaude, & fait le Sot :
L'vn raconte quelque nouuelle,
Qui met tout le monde en ceruelle,
L'autre pette en esternuant,
Et l'autre vesse en bouc puant.

 Adieu mon hoste, mon compere,
Où ie m'en suis fait en grand chere,
Pour vn franc, six liards & demy
En deux quarts d'an : Si, mon Amy,
Si ie vous doibs quelque chosette,
Quelque chose, di-ie de reste,
Vn bout de peigne t'ay laissé,
Qui t'en rendra recompensé.

 Adieu bel Hostel de Bourgongne,
Où d'vne iouiale trogne,
Gaultier, Guillaume, & Turlupin,
Font la figue au plaisant Scapin,
Où, di-ie, mes petits confreres,
Estalent leur bourrus misteres :
Où maint garnement de filou,

Quoüé d'vn estoc au vieux Lou,
Pour n'aller iamais à la guerre,
Se pennade dans vn parterre,
Dont les horions sont les fleurs,
Les diuers habits les couleurs,
Les fueilles, les Badauts qui tremblent
Et où tous ces supposts s'assemblent,
Yures de biere & de petun
Pour faire vn sabat importun.

    Adieu Maquerelles & Garces
Ie vous preuoy bien d'autres farces,
(Poëtes sont Vaticinateurs.)
Dans peu vous & vos Protecteurs
Serez hors de France bannies,
Pour aller planter colonies,
En quelque Canada lointain,
Le temps est pres, & tout certain.
Ce n'est point vn conte pour rire,
Vous auez beau crier & dire,
I'appartiens à Monsieur vn tel;
Quand vous embrasseriez l'autel,
Quand pour vous en penser distraire
Vous vous submettriez à la haire.
Si faudra-t'il marcher pourtant,
O si l'on en faisoit autant,
A toutes celles dont la vie
Dessus vostre mestier renuie,
Que Paris se depeupleroit,

CROTTE'.

Presque sans femme il seroit.
 Adieu grande & fameuse Gréue,
Helas! de te quitter ie creue,
I'esperois qu'vn iour à venir,
Puis qu'aussi-bien tout doit finir,
Apres auoir fait à l'extresme,
Vn tour de païs de moi-mesme,
I'aurois l'honneur sur vostre bort,
De voir force gens à ma mort:
Au lieu qu'au sentier que i'empoigne,
Deuant que de r'estre en Gascogne,
Ie cours l'hazard d'au coing d'vn bois,
Ietter seul les vltim' abbois;
Accrauenté de lassitude,
De trop ieusner, de marritude,
Et qui plus est, loin des beaux yeux,
Où logent mon pis & mon mieux.
Hà! beaux yeux! hà belle Maistresse,
Pour qui mon pied marche en destresse,
Gente Perrette, mon souci,
A qui ieunet d'amour transi,
I'abandonnois moi-mesme en proye,
Mon cœur, mon poulmon & mon foye,
Mon corps de l'vn à l'autre bout,
Trippes, boudins & merde & tout,
Helas! faut-il que ie te quitte?
Ouy l'ordonnance en est prescritte.
Ie voudrois bien que non, mais quoy!

Necessité n'a point de Loy.
L'horrible misere, laquelle,
Oncques ne va sans sa sequelle,
Dueil, dam, dol, peur, mort, froid, soif, faim,
Honte, chagrin, rencœur, meshaing,
Paresse, desespoir, enuie,
Et de tous les maux de la vie,
Malgré moy me contraignent à
Laisser ton œil qui m'enpesta.
 Au moins, ô Perrette gentile,
N'aye la memoire labile :
Remembre-toy de ton costé
De ton pauure rimeur crotté,
Remembre-toy des serenades,
Qu'en mes nocturnes promenades,
Accompagné d'vn Bielleur,
Aueugle, afin que deceleur,
De nos amours il ne pust estre
Discretion (qui reconnestre
Se doit bien) ie t'ay si souuent
Donnez à la pluye & au vent.
Rememore-toy dauantage,
Que quoy qu'en vn douziéme estage
Tu te gistes proche du ciel,
Et c'est pourquoy, mon tout mon miel
Cy deuant haute t'ay nommée,
Toutesfois d'vne ame charmee,
N'ay pas laissé, grimpant en Ours,

De te visiter tous les iours.
Item recorde-toy qu'en somme,
Malgré ce que ce diable d'homme,
Cette bedaine d'Allemand,
Ce fin Railleur, ce faux Normand,
Ce vray Demon de la Satyre,
Né pour nostre commun martyre,
A dit de bouche, ou par escrit
De ton Corps & de ton Esprit,
Tantost accomparant ta mine
A quelque Vache qui rumine,
Tantost chantant qu'un siecle entier
A greslé dessus ton quartier,
Tantost t'appellant vieille Chatte,
Poil de Gorret, Caboche platte,
Nez roupieux, œil esraillé,
Bec de Piuert, teint escaillé,
Manton velu, cou de Bellette,
Sein de drappeau, corps de Squelette,
Bras d'osier sec, main de Guenon,
Iambe de Gruë, & pied d'Asnon.

 Recorde toy di-ie, ô ma Rose,
Que quoy qu'en creusse quelque chose,
Ie t'ay obstant moult bien seruy,
Et seruiray, si plus ie vy;
Ie te le iure par ta garbe,
Par ton bon demi-pied de barbe,
Par le grand Diable de Vauuert,

Par ta teste à chaperon vert
Par la mienne à porter marotte,
Par les guenilles de tacotte,
Par ton mary qui fut pendu,
Par ta sœur au groin morfondu,
Par le gousset de ton haleine,
Par le Nabotin qui te meine,
Par ta Guenuche qui te suit,
Par ton bel attiffet de nuit,
Par le Grenier où tu demeures,
Par tes dents de couleur de meures,
Par ton vieux chiffon de collet,
Par ta coiffe d'un bioulet,
Par tes souliers d'une coudée,
Par tes grimaces d'Obsedée
Par tes gands fourrez de blaireau,
Par ta simarre de bureau,
Par les vitres de tes Lunettes,
Par le tintin de mes Sonnettes,
Par ton masque de camelot,
Par ma taille de Sibilot,
Par ta chaise à iambe demise,
Par la foire de ta chemise,
Et par tout ce qu'auons nous deux
De ridicule & de hideux.
 Hà! ma vieillotine Perrete,
Que ne te tiens-ie hors seulette
Pres de quelque Flot argentin,

CROTTE.

Or que l'Archerot enfantin
De ses vo-volantes flammesches
R'innoue en mon sang mille bresches,
Et qu'en despit du temps,
En songeant à toy, ie m'estends,
Ie sçaurois si Hermaphrodite
Auec verité tu es dite,
Obtenant de ta grace ainsi
Le don d'Amoureuse mercy,
Guerdon bien deu aux maux prolixes,
Que tes yeux, mes planettes fixes,
Depuis vingt ans fait souffrir m'ont
Assez pour escacher vn mont.
 Helas! il me souuient encore,
O douce lampe que i'adore,
D'vne chanson, dont vis à vis
De ton Guichet, à mon aduis
Ie te gringotay mon martyre,
La voicy, ie la veux redire,
Tant afin de ne l'oublier,
Que pour aux champs la publier.

BELLE qui dans vn grabat,
 Sans rabat,
Toute seule, & toute nuë,
Estends à present ton corps
 Si ne dors,
Las! oy ma desconuenuë.

Oy le triste ver-coquin
  D'vn Mesquin,
Sur qui Cupido s'acharne,
Et pour obliger son feu
  Tant soit peu,
Mets le Chef à la Lucarne.
Les garrots de ces regars,
  Doux-agars,
Dans son cœur leurs pointes fichent
Plus auant las! dedans ton
  Pelotton,
Tes espingles ne se nichent.
Les Cotrets qu'à la Sainct Iean
  D'An en An
Dedans la Gréue on allume,
Ne bruslent pas mieux que lay,
  Qu'auiourd'huy
Ton œil, ard, & consume.
Et combien qu'il pleuue à flots
  Sur son dos,
Qui n'en est pas beaucoup aisé,
Cet orage degoutant
  Nonobstant,
Ne peut esteindre sa braise.
Combien di-ie que la nuit
  Sans nul bruit
Des noires ombres le cerne,

CROTTE.

Ce feu fait que pour ses pas
    Il n'a pas
Ores besoin de Lauterne.
Il est pourtant si secret,
    Si discret,
Que la clarté l'importune,
Craignant d'estre reconnu
    Et tenu
Pour homme à bonne fortune.
Si dessus le Lac amer
    De la Mer
Il estoit dans vn Nauire,
Les rots qu'il lasche pour toy
    Que ie croy,
Luy seruiront de Zephire.
Aussi les Moulins à vent
    Bien souuent
En ont mis le grain en poudre;
Et l'eau que pissent ses yeux
    En maints lieux,
D'autres moulins a fait moudre,
Moins de poil à ton Matou
    Qui dort, où
Tu te reposes la teste,
Qu'il n'a d'enuis au ceruueau
    Le bon veau,
Tant ta beauté le tempeste.

Las! helas! ô dur esmoy,
  C'est de moy,
C'est de moy de qui ie parle,
Si tu veux sçauoir mon nom,
  Ma Guenon,
Ie ne m'appelle point Charle.

Comme il alloit hurlant ces rimes,
Ces beaux adieux farcis de crimes,
Contre la langue & le Mestier,
Vn puissant Ribaut de Chartier
Qui retournoit au bourg-la-Reine,
Charette vuide, & pance pleine,
Le rencontrant en son chemin
En Bourdican de sainct Fremin,
Termine ces sottes merueilles
D'vn coup de foüet par les oreilles
Et luy fit changer de discours,
Pour crier à l'ayde au secours.
 Si quelqu'vn veut icy entendre
Par quel moyen i'ay peu l'apprendre
Puis que ie ne m'y trouuay pas,
Ie n'ay qu'à luy dire en ce cas,
Afin de l'oster de ceruelle,
En chantant la Chanson nouuelle,
Qui maintenant est en credit.
Mon petit doigt me l'a dit.

LA CREVAILLE

V'on m'apporte vne bouteille,
Qui d'vne liqueur vermeille,
Soit teinte iusqu'à l'orlet
Afin que sous cette treille
Ma soif la prenne au colet.

Il faut faire Rabagie
Et celebrer vne Orgye
A ce Bromien diuin,
Luy presentant pour Bougie
Vn Hanap enflé de vin.

Lacquay fringue bien ce Verre
Fay que l'esclair du Tonnerre,
Soit moins flamboyant que luy;
Ce sera le Cimeterre,
Dont i'esgorgeray l'Ennuy.

LA CREVAILLE.

Voyez le sang qui desgoutte,
 Il est, il est en desroutte,
 Ce lasche & sobre Demon,
 Et ie veux bien qu'on me berne,
 S'il n'en a dans le poulmon.

Sus donc qu'on chante victoire,
 Et que ce grand mot d'Aboire,
 Mette tant de pots à sec,
 Qu'vne eternelle memoire
 S'en puisse exercer le bec.

Hurlons comme les Menades,
 Ces Airs qu'en leurs Serenades
 Les Amoureux font ouyr,
 Au milieu des Carbonnades
 Ne sçauroient nous resiouyr.

Bachus aime le desordre;
 Il se plaist à voir l'vn mordre,
 L'autre braire & grimasser,
 Et l'autre en fureur se tordre,
 Sous la rage de danser.

Il veut qu'icy de Panthee
 La mort soit representee
 A la gloire du Bouchon,

LA CREVAILLE.

Et qu'au lieu de cét Athée
L'on demembre ce Couchon.

Que, di-ie? ô que i'ay la veuë
De iugement deſpourueuë,
Parbieu, c'eſt vn marcaſſin,
Dont la troigne reſoluë,
Nous morgue dans ce baſſin.

A voir ſa gueulle fumante,
Il m'eſt aduis qu'il ſe vante
En grondant mille desfis,
Que du ſanglier d'Erymante,
Il deſcend de Pere en Fils.

Il pourroit venir du Diable
Auec ſa mine effroyable,
Si ſe verra-t'il choqué,
Et d'vne ardeur incroyable,
Par nous défait & mocqué.

Ainſi pour comble de ioye,
Du faux renard de Sauoye
Puiſſions nous venir à bout,
Et mieux qu'on ne fiſt à Troye,
Dans Thurin ſaccager tout.

Ainsi puisse en Italie,
 Auant qu'vn Auril r'allie
 L'espine & le Rossignol,
 De tout point estre auilie
 La fierté de l'Espagnol.

O que la desbauche est douce !
 Il faut qu'en faisant carrousse,
 Ma fluste en sonne le pris :
 Et que sur Pegase en housse,
 Ie la monstre aux beaux esprits

ORGIE.

SVs, sus, enfans, qu'on empoigne la couppe,
Ie suis creué de manger de la souppe,
Du vin, du vin, cependant qu'il est frais:
Verse Garçon, verse iusqu'aux bords,
Car ie veux chiffler à long trais,
A la santé des Viuans & des Morts.

Pour du Vin blanc ie n'en tasteray guere,
Ie crains tousiours le sirop de l'esguiere
Dont la couleur me pourroit attraper;
Baille moy donc de ce Vin vermeil,
C'est lui seul qui me fait Tauper:
Bref, c'est mon feu, mon sang & mon soleil.

O qu'il est doux! i'en ay l'ame rauie,
Et ne croy pas qu'il se trouue en la vie,
Vn tel plaisir que de boire d'autant:
Fay moy raison cher amy FARET,
Ou tu seras tout à l'instant
Priué du nom qui rime à Cabaret.

LE TOMBEAU DE MARMOVSETTE.

Il faut que ma triste musette,
O noble & diuine Catin,
Souspire le cruel Destin
De vostre pauure Marmousette:
Il faut que sous ce vieux Cyprez,
Qui fournit la Parque de traits,
Ie déplore sa fin estrange,
Et que le dueil en soit si beau,
Que de la Seine iusqu'au Gange
L'on puisse enuier son Tombeau.

Sus

LE TOMBEAV

Sus venez donc en cette place,
Non les Chiens vilains & hargneux
Mais bien les gentils Espagneux,
Pleindre l'honneur de vostre Race ;
Venez pousser autour de moy
L'esclat d'vn si funeste abboy,
Que l'impiteuse Canicule,
Auec vn long ressentiment,
Pour hurler comme vous, s'accule,
Contre l'Azur du Firmament.

Qu'elle ne soit pas toute seule
A vous respondre en cét ennuy,
Mais qu'à mesme effect auiourd'huy
Cerbere ouure sa triple gueule :
Las! ce noir portier des Enfers,
Au col chargé d'horribles fers,
A desia veu là bas son ombre ;
Elle a desia foulé le bord,
Où vont dans cét Empire sombre
Les Chiens heureux apres la mort.

O trop lamentable aduanture !
A peine six fois le Croissant
L'auoit esclairée en naissant,
Qu'elle a trouué sa sepulture ;
Ses yeux si gais, & si iolis,

Son corps qui faisoit honte aux lys,
Ses longues oreilles tannees,
Et la beauté de son maintien
Contre les fieres destinées,
A ses iours n'ont serui de rien.

Il est bien vray que quand on pense
A la main qui fist son trespas,
On y rencontre tant d'appas,
Que son mal-heur s'en recompense,
Vn coup de Mail inopiné,
Fatalement luy fut donné
Par sa chere Maistresse mesme:
Hé! pouuoit-elle perir mieux,
Que par ce miracle supréme,
De qui l'œil fait mourir les Dieux.

Non, non, ô la Reine des charmes,
Sa gloire est sans comparaison,
Et c'est auec iuste raison,
Que ie veux terminer mes larmes
Aussi bien apres la pitié,
Qu'en tesmoigne vostre amitié,
La mienne auroit mauuaise grace,
Tay toy donc ma musette icy
Et dy seulement à voix basse,
Que ie voudrois finir ainsi,

LE PARESSEVX.

SONNET.

Accablé de Paresse, & de Melancholie,
Ie resue dans vn lict, où ie suis fagotté:
Comme vn liéure sans os, qui dort dans vn pasté
Ou comme vn Dom-Quichot en sa morne folie.

Là sans me soucier des Guerres d'Italie,
Du Compte Palatin ny de sa Royauté,
Ie consacre vn bel Hymne à ceste oisiueté,
Où mon Ame en langueur est comme enseuelie.

Ie trouue ce plaisir si doux & si charmant,
Que ie croi que les biens me viendront en dormant,
Puis que ie voy desia s'en enfler ma bedaine;

Et hay tant le trauail, que les yeux entrouuers,
Vne main hors des draps, cher BAVDOIN, à peine,
Ay-ie peu me resoudre à t'escrire ces Vers.

LES GOINFRES.

SONNET.

Coucher trois dans vn drap, sans feu ny sans chandelle,
Au profond de l'Hyuer dans la Salle aux fagots,
Où les Chats ruminans le langage des Gots,
Nous esclairant sans cesse, en roüant la prunelle.

Hausser nostre cheuet auec vne escabelle,
Estre deux ans à ieun comme les Escargots,
Resuer en grimassant ainsi que des Magots,
Qui baaillant au Soleil se grattent sous l'aisselle.

Mettre au lieu de bonnet la coiffe d'vn chappeau,
Prendre pour se couurir la frise d'vn manteau
Dont le dessus seruit à nous doubler la panse.

Puis souffrir cens brocars d'vn vieux hoste irrité,
Qui peut fournir à peine à la moindre despense,
C'est ce qu'engendre enfin la prodigalité.

FIN.

TABLE DES PIECES
contenuës en cét Oeuure.

Elegie à Monseigneur le Duc de Rets, fol. 1.
La Solitude. 6
Le Contemplateur. 15
L'Andromede. 34
La Metamorphose de Lirian & de Syluie. 59
L'Arion. 72
Les Visions. 84
La Pluye. 95
La nuict. 100
Elegie pour Damon à Philis. 105
Plainte sur la mort de Syluie. 110
Elegie à Damon. 112
Le bel Oeil malade. 127
La Iouyssance. 191
Elegie à vne Dame, pour M.L.C.D.H. 127
Sur vn départ à la mesme Dame. 129
Le Palais de la Volupté. 131
Bacchus Conquerant. 140
Iunon à Paris. 142
Le Sorcier Amoureux. 143
Inconstance. 145

TABLE

Sonnet.	146
Sonnet.	147
Epigramme sur vn portraict du Roy.	148
Autre sur vn portraict de feu Monsieur de Bouteuille, fait de memoire apres sa mort.	149
Epitaphe.	150
La Desbauche.	151
Les Cabarets.	155
La chambre du Desbauché.	166
Le Fromage.	170
La Berne.	175
La Gazette du Pont-neuf.	180
La Vigne.	186
Cassation de Soudrilles.	194
Imprecation.	198
L'Enamouré.	200
La naissance de Pantagruel, pour vne Mascarade.	202
La remonstrance inutile.	204
Chanson à boire.	206
Sonnet.	208
Sonnet.	209
Sonnet.	210
Sonnet.	211
Sonnet.	213
Sonnet.	214

TABLE

Epigramme.	215
Epigramme.	216
Epigramme.	217
Epigramme.	ibid.
Epitaphe.	ibid.
Epitaphe.	218

Fin de la Table.

www.ingramcontent.com/pod-product-compliance
Lightning Source LLC
Chambersburg PA
CBHW070534160426
43199CB00014B/2257